緣來，就是你

紫嚴導師——著

Contents

Contents

Contents

第六章　向內探尋，遇見最愛的自己

〈推薦序〉

請對號入座，找到療癒自身關係的勇氣與智慧

張德芬

紫嚴導師眞是一位奇人。

首次見面，眼前出現一位相貌堂堂、面如冠玉的年輕書生，卻有著極爲古老的靈魂，幽默風趣的言談中閃耀著甚深智慧。後來拜讀了《轉運造命之道》後，對他更是折服。書中講述他自己修道成道的傳奇經歷，再加上諸多案例和精采實用的谷神心法，讓我獲益不少。我甚至把谷神心法全部都錄製下來，放在我微信的公號「張德芬空間」和大家分享。

讀完《轉運造命之道》後，當時突然感覺心底一塊大石落地，負面情緒消融不少。後來知道導師果然在書中有暗藏「信息」，靜心讀完的人必有收穫。

這次導師又出版了第二本書，聽說是談情感和緣分的，我立即要求在出版前就要看書稿，先睹爲快。讀完之後，也是感觸良多。首先，是感念紫嚴導師一刻不停的助人心念和行動，讓我都感到有點慚愧。感動之餘，我承諾要多花一點時間在工作上，將靈性知識、理念傳播給更多需要的人。

其次，在研讀導師提供的個案的過程中，我也深深被眾多不同的故事所打動，並對諸多靈魂的勇敢、勇氣、熱忱和堅持肅然起敬。雖然相較於前一本著作，這本書中並沒有實際操練的「心法」，但是從導師給諸多個案對症下藥開的藥方中，我們也能學習到處理自己感情和緣分的一些重要技巧。畢竟，很多的麻煩、痛苦、煩惱其實都是心念造作的，如果能夠坦然接納導師的建議，珍惜我們的緣分，那麼絕大多數我們關係中的問題都會迎刃而解。

相信我們大部分的人，都可以在書中的諸多個案裡，對號入座找到自己的問題。而紫嚴導師對每個來訪者的開示、引領，都詳細地記錄下來，在他們一來一往的對話中，我們彷彿也進入了那個超越時空的療癒領域，讀完了對話，自己的心境也豁然開朗，得到啓發。

雖然書中關於前世的諸多描述聽起來有點不可思議，我是保持著開放的態度。既然地球是個遊樂場，我們可以接納、學習、承認各種不同的現象存在，尤其是那些對我們有益處的想法、說法，更是要虛心地去接納。前世之說雖然不可考，但是它的確讓很多人印心，並且幫助了許多人在面臨此生困擾的時候，有一個一勞永逸的解決方案。

紫嚴導師在本書中略略提到了一些親子關係，雖然篇幅不長，卻是非常具有代表性的。他說：「做父母的，對孩子的付出和協助只要兩成，其餘八成讓孩子自行去完成；擔心也只需兩成，剩下的八成一樣讓孩子去學習承擔。我們調整的過程就是一種學習，孩子是老天賜予的禮物，爲的是幫助父母擁有更豁達開闊的人生，而非整天庸碌操煩子女過日子。」這說得眞好！如果做父母的，都能學會這一課，那麼我們的社會在一代之後，就會有完全不同的風貌出現。爲人父母者，擔負著百年大業，不可不愼！

最後，以全書我最喜歡的一段話和大家分享：「我們的『既定觀念』創造了眼前的一切感受。前世過不去的『體驗點』皆儲存在靈識中，待『現象機緣』一到就會被讀取，進而形成你莫名的情緒或低潮。事實上，這暗示著我們必須面對這個學分，從今生、當下開始，重新『接納曾經』並加以調整，做出不一樣的抉擇。超越低頻的自己，曾經、過去、以往全屬低頻的範圍。勇敢跨越過去，毅然跳脫原本舒適或令你感到麻痺無力的生活圈，邁開步伐，突破過去自己設下的舊框架，珍惜眼前的一切，並靜心觀照整個發生的過程，勇於接受『更豁達的思維』。這樣不僅能淬鍊出心智的耐力，更能激發靈識的變頻功率，在一次又一次的超越中脫穎而出，展現更耀眼、光彩奪目的自己。」

這段話將成爲我的座右銘，時時刻刻銘記在心，提升自己的頻率，讓「高頻的自己」能夠順利地活出來！這也是我多本書中，一直希望和讀者一起做到的：活出一個更耀眼奪目的自己！

（本文作者為知名作家）

〈推薦序〉

緣來，就是你！

李欣頻

我跟紫嚴導師的緣分眞的很特別，起因是方智出版社主編是我大學的學姊，她邀我爲紫嚴導師的第一本書寫序，於是有了第一次與紫嚴導師見面的機緣。

第一次見到紫嚴導師有一點嚇一跳，因爲我根據書稿內容推測作者應該是一位年過甲子的智慧老人，但眼前看到的卻是一位高大威儀的帥哥，一時認知失調。在後續幾次的見面中，我們談了非常多關於「輪迴」「生命劇本」「遊戲場」「因果」「死前感受」與「死亡後的狀態」等非一般常人會聊的深度話題，而紫嚴導師也是我身邊唯一能跟我談到這麼高層次的人，我非常感恩生命中有這麼一位亦師亦友亦家人亦守護者亦爲我點燈的導師。

我一向期待紫嚴導師的書，文筆流暢深入淺出，彷彿他參與了人間遊戲場原初設計工程那樣清明一切，所以這次終於盼到了第二本。原書名是「緣分之間」，巧合的是，我剛好看完日本導演新海誠的電影《你的名字》，一部在講跨時空、跨次元的緣分故事，讓我對「緣分」有了非常鮮活的畫面感，於是我腦袋瞬間跑出了「緣來，就是你」這個書名。正如紫嚴導師在書中所說的：「前世互動過的人，在緣分的造化下，今生注定會再相見，今生會從第一次互看對方的感覺開始……」這就像是「遊戲設定」那樣躲也躲不掉，爲的是要一起學習唯一的課題：愛。於是，我把「緣來，就是你」這個書名提供給方智主編，心中也篤定這是此書能量自體運生出來的書名，完全渾然天成。很開心紫嚴導師也喜歡這書名，我們都認爲這五個字非常「畫龍點睛」了這本書所涵蓋的靈魂版圖與核心精神，有「原來就是你」及「緣來，就是你」的多重意義。

此時我也正在書寫「人類木馬程式模組」，從《緣來，就是你》這本書的諸多案例中，也學習了不少寶貴的生命洞見。畢竟，紫嚴導師是閱人無數的「人類靈魂學家」，幾乎沒有人能逃脫出他所見過的生命模組範圍。

如果你現在正在看這本書，恭喜你，你的生命已經瞬間轉進了高維度頻率的道路，書中每一個字的能量都在幫你以超高視野，俯瞰全人類故事劇情的路徑圖，於是你跳脫出了困境迴旋圈的迷陣彎路，直指愛的核心。

緣來就是你，你就是緣起，也是你與周圍的人緣分故事流轉的唯一真實核心人物——謝謝紫嚴導師跨時空跨輪迴的慈悲力，願意把這麼寶貴的天機傳給我們！

（本文作者為知名作家、廣告創意人）

〈推薦序〉

探索緣分的旅程，遇見親愛的自己

吳若權

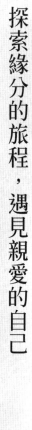

走在人生未知的旅程，你看著地圖、衡量遠近，用盡心力想要到達目的地。從這裡、到那裡，從這一站、到下一站，搭這班車、轉另一班車，遇見這些人、經歷那些事……得意過、失落過，甚至還繼續迷惘著：為什麼有人的道路，似乎總是平坦順利；有些人的途徑，卻不斷崎嶇坎坷？

要經過多少挫折、熬過多少苦痛，才能讓自己放下手中的衛星導航地圖，願意重新回到內心徹底地覺察：正因為前世有未了的情分，才能於今生再續前緣，共同修行靈性的課題。

原來這世界另有一份肉眼看不見的地圖，以緣分牽繫彼此的修為，連結各自的靈識。緣分的記號，猶如登山小徑的指標，在實現盼望的喜悅裡，或遭受失望的挫折中，指引雙方不遠千里，再度相遇。唯有先順服於這樣的安排，體會其中的意義，接納所有的發生，才能找到改變的力量，遇見親愛的自己。

這是我有幸能先拜讀完紫嚴導師最新作品《緣來，就是你》書稿，當下的一些感悟。

覺察靈識的使命，辨認此生該學習的功課

將近二十年來，紫嚴導師以深厚的道家學養，隱身永和竹林路爲世人解惑。他從不刻意強調自己的靈通，低調地僅以猶如身邊鄰居大哥或家人長輩的循循善誘，提點前來請教他的民眾，必要時才會對有需要更清醒的當事人，揭開前世因緣之謎，幫助對方在瞬間化解內心的糾結，找到改進自己缺點，或發揮才華的方法。

在《緣來，就是你》這本新書中，他首度破例對讀者揭曉自己回到前世的經歷，並從累積多年的個案中，挑選最具代表性的眞實故事爲例，佐以「『緣』滿小叮

嚀」，解析緣分如何貫穿前世今生，交織成一張綿密精緻的網絡，鋪陳諸多人與事的碰觸，既可能是擦撞的火花，也可能是互放的光亮，就看你是否能覺察靈識的使命，辨認此生該學習的功課，以便從種種考驗中晉級，更接近最親愛的自己，完成此生的任務。

綜觀書中紅塵男女的愛恨悲歡，大致可以歸納出每個人此生再度來到世間的幾項功課：

1對別人的付出，表達感恩；
2對有愧的對象，誠心懺悔；
3對恐懼的事情，展現勇氣；
4對糾結的過往，開啓和解；
5對累積的怨恨，釋出寬容；
6對執迷的占有，願意放下；
7對眾生的大愛，提點指引。

珍惜此生的「體驗點」，把握「現象機緣」，再一次轉運造命

每個人的生命劇本不同，碰到的事件不同，靈性課題考驗的重點也不一樣。如果你能夠辨識眼前的遭遇，都是有意義的功課，調整心態，用對方法，必能通過考驗。或者，你可以靜心聆聽紫嚴導師正統道家豐富學養的教導，無論是親臨現場，或透過閱讀，探索緣分，遇見自己，完成使命。

我雖未能積極追究自己的前世，但非常珍惜此生的緣分。很榮幸曾有幾次機緣，親近領受紫嚴導師的內涵與風采。第一次是他《轉運造命之道》大作出版時，親臨電台節目《媒事來哈啦》接受訪談，隨後並答應受邀在高雄講座中對談。我也曾經幾次到他的門下當面請教、上課學習，都獲得他慷慨善意的指導與回應，而能再爲這本新書《緣來，就是你》作序推薦。

前世因緣，今生再續。我尊重他「從不和任何人談論對方前世和我之間的關係」的原則（我猜想書中的江小姐，也可能要等到這本書出版後，才會知道自己是極

其少數的例外吧！），只盼珍惜此生的「體驗點」，把握「現象機緣」，再一次轉運造命，替自己，也爲眾生。

如果讀到這裡，你很好奇，什麼是「體驗點」？什麼是「現象機緣」？我想這就正是請你展書閱讀的時候，你會在字裡行間發現屬於自己前世的緣分，並帶著愛開始人生另一段充滿幸福的旅程。

（本文作者為作家、廣播主持、企管顧問）

〈推薦序〉

牽引你活出生命的感動

徐瑞娟

中國人講究的中道、中庸，西方說的平衡、和諧，這些我們所追求的境界，在紫嚴導師的思想和行事風格上都顯現無遺。

這兩年《魅麗》雜誌定期採訪紫嚴導師，針對目前社會現象給予解讀。那些讓我們最義憤塡膺的事件，導師往往都能從中展現他的中道觀點。他信仰道教神佛，講述道家精神，沒有八股宗教式的道德觀，尊重人類集體意識的共業，有著更多對人性的體貼與關懷。

讀完導師的第二本書《緣來，就是你》，我會解讀爲：緣分即前世業力，我們的人生課題是今生的「體驗點」，那些讓我們痛苦的事情是「現象機緣」，當現象發生時，就是我們覺醒的契機。在書中，導師說人性喜歡輕鬆愉快，面臨問題時自然會選擇對自己最有利的方向和可以迴避的捷徑，因此造就了得過且過的生命態度，活不出生命的價値和感動，很可惜。

我們可以從書中的故事看到自己的影子，誠實面對自己的「現象機緣」，運用谷神心法去轉化與實踐，活出生命的感動。我想，那才是紫嚴導師不論多麼忙碌，都要親自在鍵盤上一個字一個字敲出來的心願。

（本文作者為《魅麗》雜誌社長）

〈作者序〉

緣分，未完待續……等待著你我完成

春節假期的最後一天午後，我步行經過鄰近的私立育幼院，正準備出門的老院長對我點頭微笑致意。「紫嚴導師啊，常看到很多日本、美國、香港人來找您，辛苦、辛苦了！」聽見院長這麼問候，我笑著回答：「眞不好意思，打擾到您們及院生了。」院長說：「不會，不會，那些從國外回來的信眾對路不熟，進來問路，這能夠理解，我們很樂意報路指引。能在您們旁邊，我們很高興！」接著，彼此就在相互的關心中聊了起來……

因緣，像是上天無形的一雙手，巧妙安排世人一生的際遇，大能廣泛到操控星球運行與世界經濟脈動，又能精微細小到讓你在不經意間，思念起許久未曾想過的人，更甚至能讓你手捧這本書用心研讀，在浩瀚的世界裡，牽引你我，藉由此書再次相識。書中的文字，如同一個個未知的場景，帶領你踏入另一個心靈層次，一段你和我的生命注定相關的故事，即將因此開啓。未來，我們也許會相遇；也或許，你從書中就能獲得啓發，進而勇敢地張開雙翼翱翔，盡情體驗，領受更深刻豐富的人生之旅。

「緣分」，就是萬事萬物運作的基本元素，讓世界上的一切看似有距離，卻又彼此相通、牽連。「緣分」，造化著我們的生命，而上天的眷顧，始終未曾離開。

一九九八年端午節後的夏季，玉清道院就在這「因緣」的默運造化下誕生，懷抱著推廣道家思想「谷神心法」的初衷啓程。從簡樸的一張辦公桌椅開始，至一九九九年成爲許多人口中的「紫嚴導師」，前來尋求人生解答的人、失意的人、分享喜悅的人，一個個絡繹不絕地走入，小小的空間匯聚了各樣的人生劇情、悲歡離合，道盡世俗人生百態。藉由與我對話、求教，來到這裡的人，不分男女老少，一一解開了困住心靈已久的枷鎖，更從前世今生的寬廣角度中，學習俯瞰此世生命的課題及意義，重新找回方向，彼此更交流了許多喜悅和力量。

然而，上天往往不會只有一個安排！多年後，在一個幫不到他人的遺憾裡，我體認到：世間存在許多需要被關懷、被照顧的弱勢同胞。雖然我們同樣生存在這個環境中，他們的生活卻比一般人艱辛，連三餐溫飽或孩童最基本的營養午餐費都無力負擔；一雙全新的直排輪鞋對這些孩子而言，竟成爲夢寐以求的奢侈品……點點滴滴的感觸，在我心中累積成新的能量與動力。於是在二〇一一年，我帶領志工成立了「社團法人中華道家人文協會」，以道家精神的人文關懷之「心」，分享我們的生命，付出體力、時間和金錢協助社會弱勢。協會成立的出發點，並不以「行善」爲付出動機，只是單純把心中的「愛」傳遞出去給更需要的人，與他人「分享」我們已經擁有的一份幸福，並且在付出和分享中，啓發與交流存在雙方心中那份最純粹的感動。

谷神心法提到：「沒有人願意被施捨。藉由『分享』，彼此之間能撞擊出愛與被愛的力量，傳遞最根本良善的人性。」就這樣，我每天工作行程雖然忙碌，卻非常充實。平均睡眠時間不超過四小時的日子，轉眼就過了十八年。沒有假日，更沒有屬於自己的私人時間，平日以最容易準備的餐點果腹，用餐時間也不超過十五分鐘，因爲我清楚知道：還有很多人在等著我！有時間，才有付出的機會。有人問過我：「如果人生能夠重來一次，還會選擇這樣的生活嗎？」我的答案還是堅定的。因爲，這份無法用金錢換來的珍貴喜悅，是從不斷分享、互動中脫穎而出的。生命若只是獨樂樂，就像一幅名畫被抽掉色彩，盡失原創者的意境，更難以窺探生命的繽紛之美。

初遇時的莫名悸動，皆因「緣分」而生

倘若問我：「爲什麼會踏上這一條路？」其實，這就和「爲什麼你會在萬千本書中獨獨挑到這一本，毅然決然買下它，並翻開這一頁細細閱讀」是同樣的道理。無形之中，都有造物者的精心安排……

一位純眞的男孩獨自牽著家中飼養的小羊，到離家不遠的山坡草地散步。男孩鬆開手中的繩索，讓小羊盡情奔跑；他則席地而坐，環顧周邊景色，享受寧靜悠閒的午後時光。遠處，一個女孩見到可愛的小羊，喜出望外地三步併兩步跑到小羊面前，帶著微笑專注地看著羊兒吃草。看見有人靠近小羊，男孩心生警覺，趕忙前去查看。而當男孩走近女孩，一場未知的美妙「際遇」就此展開。原本互不相識的兩人，因爲小羊有了第一次的接觸與對話，閒聊的過程更是十分愉快，彼此都在心中留下了難忘

的好印象。

十四年後，女孩和家人移民美國，男孩則依舊住在新店山區。兩個人之間看似不可能再有任何交集，卻依舊存在著無形的牽引，冥冥之中注定了未來他們會步入禮堂、結爲連理，繼續共同譜寫兩人之間未完待續的故事，直到人生盡頭。

「緣分」，就是如此精深微妙，正爲你我開啓一段段美好的人生際遇，藉由一個個生命故事的開始，帶著你親身進入一幕幕人生場景裡。而上天那雙始終在扶持、指引你的手，更始終不曾離開。

世間任何事物的發生都沒有偶然，只有冥冥中的巧妙安排。一片葉子的掉落，抑或美麗櫻花的綻放，當中都有其因緣在背後運作造化，匯聚了天時、地利、人和等所有條件之後，自然順勢地在你我眼前發生。

如今，緣分再次安排你閱讀這本書，讓我們經由文字又一次相遇。期盼能透過書中的每一個章節，帶領你重遊前世今生，領略緣分與輪迴奧妙之美。

不斷超越，領略生命的美好

上一本著作《轉運造命之道》出版後，我期許自己可以分享更多「幸福」給大家，因而注定了這本新書的誕生。

人們終其一生無不爲了追求「幸福」而努力，就像運動員總是希望在比賽中獲得獎牌。每四年舉辦一次的奧運，向來是全球關注的焦點，而奧運金牌，更是運動家畢生的夢想。想要躋身奧運選手之列，平日就得南征北討參與各種賽事、遭遇各路好手，磨練並提升自己的實力，等到累積足夠的經驗，才能取得奧運的參賽資格。因此，層級愈高的賽事，選手遇到難以跨越的障礙與挫折的機率就愈多，也意味著體能與心智素質的挑戰難度更高了。相對地，**就是因為選手的能力與心智愈來愈強大，面臨的挫折難度才會跟著提高**。此時，若能沉著面對，克服、超越眼前困境，便等同讓自己的實力躍升，心智力量會因此更加穩固，未來定能更上層樓。

取得奧運金牌固然值得喝采，然而，奧運賽事中最讓人感動的，總是奧運紀錄保持人又超越了自己、寫下新紀錄的時刻。人的一生就如同在參加自己的人生奧運，不斷克服與超越生命中的挫折，都是在成就我們未來的完美。緣分的安排，讓今生遇見的人來協助我們提升自己創造幸福的能力；而前世互動過的人，在緣分的造化下，今生注定會再相見。倘若前世的結局並不愉快、圓滿，今生就會從雙方互看不順眼的第一印象開始；如果前世的關係恩愛、友好，今生一見面就會互有好感，或是湧現一股似曾相識的莫名熟悉感。但接下來的旅程，則有不同的可能性與變化，爲的是要試煉我們能否堅持投胎前抱持的那份「愛」。

由此可知，今生與某人關係的開頭是好是壞其實並不重要，如何在相遇後的人情關係互動中，發掘、延續這份愛，以及轉化內心的負面印記或缺憾，圓滿自己與他人的生命，這，才是緣分最具意義、最有價值的所在。

從人情關係中發掘深藏的幸福

談到人情關係，無論是愛情、友誼或親情，「幸福」其實一直深藏其中。也許你正遭逢挫折或面臨難關，如同先前提到的參賽比喻，當障礙來到生命裡時，必然會讓人難過，但老天不會給你無法解決的課題，只要你願意拿出面對的勇氣，靜下心來正視並觀察「現象機緣」[1]帶來的啓發，從更高的視野俯瞰當下的困境，很容易就能發現轉圜的空間及解決方法，讓你拾回失去已久的人生價值和動力，將失落、遺棄、背叛等情緒與過往傷痕，淬鍊成一顆顆耀眼的鑽石，化爲無價的生命寶藏，引領你朝未來踏出愈發自信的步伐。只要你願意，扭轉生命的奇蹟正發生在你此刻的心念裡，不斷閃耀著。

請輕鬆翻開本書的每一頁，細細品讀。我並不把重點特別加注在每個章節的開頭或末段，也不引經據典附加額外的著墨，因爲每一個事件或每一段對話，皆有其意義與力量存在，沒有知識的獲取，更沒有任何理論的辯證，你帶著什麼樣的心念閱讀，我用心撰寫的文字就會讓你感受到什麼。人生，從來沒有所謂標準答案，倘若你願意用一顆敞開的心，安穩且靜下心來領受書中的內容，不預設立場、不跳躍章節、不爲了尋求想要的特定答案而讀，我承諾將文字背後隱藏的力量傳遞給你，觸發更深一層的了悟。

我，已經把「心」交付到這本書裡。接下來，就讓我帶你走入時光隧道，穿越一道道時空屏障，在各種緣分凝聚交織而成的人情關係中，一步一步，讓你遇見最有「溫度」的自己。

願，心寬幸福。

①所遇的外境現象中，背後必然有著啓發「扭轉」或「覺醒」的機緣。

〈導讀〉

世間種種關係的緣起緣滅

在不間斷爲世人解惑、指引方向的這十八年裡，我深刻體會到：每一段人與人之間的故事展開之前，都有個美好的「開端」，而這個開端，指的就是「緣分」。它，來自遙遠「前世」時空中曾經有過的體驗，當「今生」所有的條件具足，緣分，便會藉由際遇的安排，爲接下來的故事揭開序幕。透過「相遇」，延續前一世尚未完成的心願與遺憾，並從中再次學習及體悟，讓今生得以拓展出更高維度的空間，以更開闊的心靈視野，體會生命的點點滴滴。

前世的緣分牽繫著今生。然而，緣分究竟是如何產生，又是如何運作的？緣分在我們的生命之中有何意義？前世今生的輪迴之旅，我們到底在追尋什麼？在本書中，我將透過眞實個案，在各個章節裡逐一解答關於前世今生與緣分的種種疑惑。

●我爲何而來？

●因何與你相遇？

●什麼力量牽繫著你我？

本書第一章，我將以親身經歷的前世之旅，帶你一探靈魂投生前如何規畫來生的藍圖。藉由眞實個案，你將明瞭：人生所有的相遇都不是偶然，而是久別重逢。因爲「愛」，我們在這裡相遇。

●什麼是「緣分」？

●「緣分」天注定？

●「緣盡」情未了，該怎麼辦？

本書第二章，我將在一個個眞實案例中，爲你解答上天爲何安排緣分來到我們生命中。緣起緣滅，無非是爲了讓我們從中有所收穫，迎接更美好的下一段人生。

●看似擁有一切，爲何不幸福？
●注定的「緣分」會從天而降嗎？
●要如何才能有「緣」也有「分」？
●有「緣」也有「分」，該如何維繫？
●難解的壞關係，該如何突破，重結「善緣」？
●生離死別，如何面對難捨的「緣滅」？

本書第三章，我將以愛情、親情相關眞實個案，帶你經歷生命現場，以智慧面對關於「緣分」的種種課題，創造幸福人生。

●「緣分」出現在我生命中，有何意義？
●在「緣分」裡，有所謂「公平」嗎？

和朋友、同事相處時，最容易彰顯我們在世間人情關係的基本面。本書第四章，我將以眞實個案對照谷神心法中的「觀照體驗點」，帶你走出人情關係裡的「盲區」，打開「心結」，讓人生豁然開朗。

●什麼是眞正的「愛」？

孩子，是前世與我們緣分最深的親人，相約今生一起在互動中學習與成長。在本書第五章，我將以親子關係的實際案例，帶你找到讓關係更完整的幸福之鑰。

●前世今生，經歷輪迴，我們的終極追尋是什麼？

好的關係，讓我們的人生有了價值與歸屬感，可以趨近九十九分。然而，最後這一分，也就是輪迴之旅的最後一塊拼圖，必須由你自己完成。我將帶著你，遇見那個未曾了解過的「最值得被愛的自己」。

走入本書中，你會發現書裡沒有華麗的辭藻，沒有高靈、多次元宇宙、天使等讓人目眩神迷的名詞與描述，只有我的一顆至誠之心。當中的一字一句，都是我最眞心的分享，帶著你遠離既有的知識和主觀的解讀比較，從最踏實的起點和最眞實的個案，著手了解輪迴現象及緣分的形成是如何建構生命中的人情關係。對修行人來說，隱姓埋名、遠離人群避居深山修練，並非眞正的修行；身處世間的我們，倘若遠離了「人情關係」，就跟與世隔絕、離群索居毫無分別。

任何的知識或物質，都抵不上擁有一份圓滿的「好關係」。來到我們生命裡的一切，不管好壞，都是一份值得珍惜的「美好」。即使你不了解自己的前世今生和人情關係的緣由，遭遇的問題或許也和書中的個案不盡相同，但從他人的經歷，以及在不同生命裡上演的眞實情節中，一定能找到和自己相通、有所共鳴的部分。

請隨著書中的文句，打開困住你已久的心靈枷鎖，緊綁的關係將自此鬆綁。**在未來的日子裡，你能讓愛你的人更自由，讓你愛的人更輕鬆，讓想到你的人很快樂，也能讓無法擁有你的人，對彼此獻上真摯無悔的祝福。**

現在，就請放鬆心情，跟著我的腳步，一起踏上前世今生充滿愛的旅程。

第一章

相遇，是一場美麗的約定

因爲愛，我們約定今生相遇

你接受「相遇」是種緣分的說法嗎？不論你相信與否，「它」都正在運籌你的人生劇本，藉由不斷的「發生」，提醒你它的存在。它的到來通常安靜無聲，瞬間作用在任何眼前親臨的場景裡。你是否曾經在初次見到素昧平生的人時，心中卻有一種熟悉的感覺？抑或見到某棟建築物，雖然之前未曾造訪，卻又浮現說不出的片段回憶？到底是什麼在主導這一切？今生未曾遇過的人事物，竟然可以挑起心中那份悸動？

既然有「緣分」，就不可能是空穴來風，必然與我們更早之前的生命體驗、創造過的因子有關。現在，就讓我從「我」的前世開始，帶你一起解開緣分之謎，用淺白直述的方式，呈現最眞實的前世之旅。

我絕對能理解，對不曾經歷、穿梭過前世的你而言，以下遭遇看起來可能就像虛構的小說。然而，對我來說，這一切都是確實發生過的那個「曾經」，更是刻骨銘心的過去。跟著我重回這段經歷，試著從輪迴的角度，重啓另一層次的生命視野。未來，你終究也會再次遇見那個「曾經」的自己。

踏上重返前世之旅，探索緣分的奧祕

度過忙碌的一天，轉眼已經到了深夜十二點多。稍早一位信眾離去前與我的對話，依舊盤旋在心底。他說：「紫嚴導師，相信前世我們一定有著很深的善因緣！見到您，我不安的心得到一種安定感，像是流浪許久的孩子，重返家門再次見到家人一樣感動。」當時我點點頭回應：「很高興能再次相遇！也歡迎你的來到。」空氣中瞬間充滿溫馨的氣氛，他紅了眼眶，我則深深感動在心。

其實，不只我會遇到這種情況，人與人互動的背後，皆隱藏著一種緣分在牽動著。有時初次見面，不經意的第一眼接觸，心中似乎就篤定了些什麼，那是超越思維、經驗、邏輯的一種感觸，也可以說是來自心靈最深處的小叮嚀，讓你警覺眼前的人是那個「曾經」，是一種「熟悉」、一種「安定」，冥冥中帶給你一股「信任」。毋須時間累積或審慎觀察，通常就在剎那間，存在一種安寧，一種家人般的熟悉感。這，就是前世今生的「緣分」。

一個人坐在辦公椅上許久，我似乎暫時忘卻了接下來需要處理的公務，心情輕鬆，仰頭望著天花板。這位信眾讓我再次憶起以往的種種，如同我在之前的《轉運造命之道》書中提到的，從第一次與神對話、因緣際會的第一把鑰匙、修行入道與人師結緣，還有我為什麼會選擇這條路及今生再次前來的目的等。究竟，是什麼力量凝聚著彼此？請跟著我的穿越，進入前世劇場的大門，從一幕幕身歷其境的現場事件中，體會緣分的奧祕，探索生命的緣由。你將發現，生命，其實比你已知的更有溫度。

我緩慢地閉起雙眼，屏氣凝神入於定境之中。不久之後，時間像凍結一般停止繼續流動，呼吸微弱到若有似無，幾乎無法察覺，感受到即將脫離五蘊，回歸內心之旅。從以往的經驗中，我很清楚知道，若是更深一層地進入內在，勢必會與前世的時空交會，這漫長的旅程將占用許多時間，甚至會耽誤隔日的既定行程。然而，我毅然決然、毫不猶豫地走入。

下了決定後，眼前隨即綻放出多道光帶，耀現著黃色、紫色、青色等斑斕的光彩。剎那間，身體的重量、氣息完全消失，已經無法感知現有的空間，只沉浸在深度的寧靜中。不一會兒，突然閃出一道金光，帶領覺知以光速向前推進，速度之快猶如一粒米在短短三秒間就從台灣到達美國一般。不知經過多久，速度才減緩下來，逐漸能夠見到周遭的景色。

首先映入眼簾的，是一片入夜的天空，空中飄著些許雲朵，輪廓清晰分明。我向下穿過一道道雲層，從空中俯瞰呈現弧形的大地，確定我已經來到前世的時空。漆黑夜裡的地面上有著許多平房，且少有燭光，這種景象，宛如飛機即將降落在機場前透過觀景窗看到的畫面，差別只在於：那是燈火通明的現代，我則身處漆黑的古代。我繼續前進，遠處似乎有一座城市，整齊排列的火光雖然忽明忽暗，卻氣勢不凡。在好奇心驅使下，我加快速度前往察看，巨大的宮殿、方正如棋盤的走道，既壯觀又宏偉。從空中看來，這正是紫禁城的夜晚，守衛森嚴，有許多士兵正在站崗巡邏，每一處皆凸顯出當代帝王的威嚴。從士兵的服飾看來，我來到了大清王朝，也就是我前一世的時代。

通過紫禁城上空，我繼續往前世居處的方向飛去。過了一會兒，來到一座城鎮上方，街道空空蕩蕩，鮮少有人在戶外走動。我緩慢下降至平地，路面是鋪平的黃土，街道兩旁則是木造混合石材的建築，宛如來到電影的拍攝場景，盡情飽覽古代城鎮之美。轉角處有間茶樓，三層式的建築古色古香，雖然打烊了，依舊看得出白天的繁榮景象。街道上任何一件物品，包含木製招牌、水井，甚至是一根梁柱，都顯得彌足珍貴，因爲在現代的環境中，眼前的一切都不復存在。身入其境也讓我忽然警覺時間有限，不能繼續流連忘返。

在不同的時空裡，與前世的自己相遇

匆忙走上路旁的石階，順著階梯前進，來到曾經再熟悉不過的家宅，穿過大門進入宅院。庭院的花草樹木修剪得井然有序，感受得到清爽整齊的氣息。石桌旁還擺放著剛曬乾整理過的藥草，相信這應該是忙碌一天的成果。我邊逛邊走向前世的書房，在窗戶隱約透出的燭光中，發現男主人可能尚未就寢。我繼續穿過木門，眼前出現一位依著燭光撰寫病歷資料、面容慈祥的中年男子。全家人都入睡了，他依舊獨自一人挑燈工作，處事風格與我今生幾乎雷同，不浪費任何一點時間。看著桌面上毛筆、硯台和紙張整齊放置的景象，此時我確信：一個人的習慣絕對會延續到下一世。

靜靜看著男子，我的心中有種難以言喻的感受。雖然他無法看到我，也聽不見我的聲音，我還是很想告訴他：「當你完成這一世，下一世會比今生更加勤奮！」他的面容讓我印象深刻，凝望入神許久，內心更是激盪不已，湧現了「同一個靈魂，身處不同時空，卻有幸能夠自己看到自己」，甚至是「沒有他就沒有現在的我！」的深深感動。順勢看他題字，字跡比我這輩子更工整……「是因爲今生出國念書的關係，所以中文字寫起來沒有那麼熟練嗎？」我心中不禁浮現這個念頭。再看到他用的墨條，已經短到再磨就要沾到手了，前世的我依舊繼續使用。接著，環顧四周，發現書房門旁擺著三大疊整理好的衣服及兩大袋米，上頭以紙張寫著「賑濟」二字，原來這是準備送給弱勢鄉民的物資。我這「後世」，對當下所見這個「前世」給了滿分的評價，無從挑剔，心中爲此感到無比欣慰。

自身的遺憾，滋長助人的志向

前世，我是一名現代所稱的中醫師，而我學醫的主因，是幼年時父親在染上風寒後早逝，由母親含辛茹苦撫養長大。遺憾往往會滋養助人的志向，自己有所失，總期望他人可以免於這種失去的痛苦，並希望這份遺憾不再成爲別人的遺憾，讓我日後立志行醫救人。

我自小接觸《黃帝內經》，成長過程中共修習了四種醫術學派。乾隆二十二年，我離開家鄉，四處落腳行醫，期望能讓人們不被疾病所苦。因緣際會下，我來到一座村莊。這裡人口雖不算多，但沿路總有熱情招呼的村民，友善又親切的問候，充滿濃厚的人情味。小地方來了個外地客的消息，很快傳到村長耳裡，便特地邀請我到他府上用餐作客。閒聊過程中得知我是位中醫師，村長喜出望外地提出請求，再三拜託我醫治他長期躺臥於病榻上的老母親。

村長的母親因年事已高，不良於行，加上瑣碎病痛多到難以救治，終日抑鬱寡歡，經常自嘆來日不多，讓子孫心生惶恐，家中氣氛低迷。當時我雖然行醫不久，眼見村長為人子女一心盡孝，也就直爽答應他的請求，姑且一試，並在村長安排下暫時住下來。每日早起，親赴村長家中為老夫人把脈，下午熬製藥材，晚上則撰寫療程進度直到就寢。日以繼夜地照料，過程中備受村長與村民禮遇，心懷感激卻無力回報的我，只能盡力醫治。

五個多月很快過去了，也許是善緣的催化，老太太的氣色明顯好轉，能起身依坐在床榻邊，自行動筷享用食物。慢慢地，老太太的抱怨愈來愈少，臉上出現微笑的次數則比以往來得多。配合治療後的第十個月，老夫人已能下床行走活動，雖然速度不快，但也能被攙扶著走到後院，飽覽許久不見的景色。

村長見母親身體好轉，開始大肆宣傳我的醫術。就這樣在口碑相傳下，我成為那裡小有名氣的大夫，期間也開始為當地居民醫治病痛，且頗有成效。一年後，在眾人齊力協助下，我有了屬於自己的簡樸店面，是個住家兼草藥店的小地方。

由於診治病患時細心、有耐心，經手的許多難醫之症皆能有所改善，前來求診的人日漸增多，名聲很快就傳到另一個鎮上。許多地方仕紳紛紛邀請我前往問診治病，日子就在來回奔波於村莊和城鎮間度過，既充實又忙碌。五年後，我在鎮上置產，第一次擁有自己的房子，並將老母親接來一同居住，共享天倫。平日則分別在城鎭和村莊兩個處所爲人看診，醫術也備受地方肯定。

不過，我並未因此自豪，因爲夜深人靜時，內心總有一處仍「空蕩」著，伴隨一股「落寞」感。即使每天有絡繹不絕的病患前來求診，也從他人眼裡見到對我的一份尊崇，依舊無法滌除心中揮之不去的低潮。就外在條件而言，我已經擁有人人稱羨的生活，爲何心裡依舊透出這種感受？雖然不解，但我逐漸習慣與這份感受共處。

富商攜女求醫，未知波瀾隱然將起

在各界支持下，我的行醫之途逐漸開枝散葉，陸續有學生加入學習診療的行列，協助更多人早日脫離病痛。就在聲名遠播的同時，多變的命運似乎也靜悄悄地來到我的生命中醞釀著，終究要掀起一場波瀾。

事情發生在暮春的某個正午，一位富商神情憂傷地攙扶著獨生女紅兒前來。跨越門檻時，他不由自主地跪了下來，雙手合十不斷請求，要我無論如何都務必救救他的女兒。我馬上移開正爲病患把脈的手，緊緊扶著富商，不忍爲人父親的他爲女奔波，尚未診斷前便一口答應了他的請求。

富商激動地說：「只要寶貝紅兒康復，我不惜一切代價，盼能求得一線生機！」原來，每天一過中午，紅兒便會莫名嘔出胃酸，以致難以進食，僅能勉強飲用流質飲品，其餘食物皆無法下嚥；夜晚更經常盜汗，清晨往往夢魘驚醒數次。她的身形瘦弱、面容慘白，兩頰略爲凹陷，想必是日積月累的病痛折磨所致。

所謂事出必有因，詢問富商後，得知紅兒之所以發病，是因爲丈夫於一年半前外出經商，擔心運送過程遭掉包而隨著貨品返鄉，不料途中遇上土石崩塌，意外被大石擊中、跌入山谷辭世。傷心欲絕的紅兒經常癡癡坐在大門前等候，堅信丈夫會死而復生，一個月後陸續出現食不下嚥、暈眩等症狀。富商得知女兒病情日漸嚴重，便要求管家將紅兒自夫家帶回娘家照顧。豈知病情並未因此有所改善，家人開始四處尋醫，卻經常無功而返。

在愛女心切的富商懇求下，我同意醫治紅兒，並備妥附近住所，方便就近長期治療。經過我和學生細心照料，並配合藥物調理，紅兒很快就開始順利進食，半夜驚醒的次數也驟減，氣色恢復良好，預估一個月內便能返家休養。

聽到這個好消息，紅兒的父親喜極而泣，唯獨紅兒依舊鬱鬱寡歡。而無常的變化總是無聲無息來到，椎心的痛苦，即將降臨在兩個大男人身上。

醫人難醫心，無力挽救喪夫千金

就在富商和紅兒預計返家前兩天，一早學生捎來了壞消息：紅兒無故失蹤，四處打聽都毫無音訊！眾人開始分頭尋找，直到午後，鎮上大嬸急忙來通知找到紅兒的下落。她們在溪邊洗衣時，發現溪面漂來一名奄奄一息的女子，趕緊請壯丁前往協助，但趕到現場時，紅兒已氣絕，回天乏術……

我與富商往上游走，尋找紅兒投溪的地點。一個時辰後，在樹旁發現紅兒的鞋子和親筆寫下的兩份遺書，一份給父親，另一份則獨留給我。信中大意是：感謝我對她的醫治之恩，雖救回她的身子，但無法挽救她的喪夫之痛，她空有健康的身體，卻沒有存活下去的意義，因而選擇離世，與丈夫在一起。

讀完信的當下，我的心已涼了一半，完全無力應對如此的結局。在溪邊，我和富商兩人痛哭失聲，心中無比激動而苦悶，小時候痛失親人的感受又與此事重疊在一起……為什麼盡了力還是無法拯救一個人？此刻，我深深體認到：即使有再好的藥材、再細膩超凡的醫術，也無法醫治一個人的「心病」！「如果一個人已無『心』，有再好的身體又有何用？」我的心如此感懷悲傷著。

這件事發生後，我暫停行醫四個多月，卸下高掛的「懸壺濟世」中堂牌匾，蓋上一匹紅布，請人送入庫不再懸掛，並且日以繼夜尋找治療心病的書籍，想了解何種藥物能讓人心情愉悅。自我責備、愧歉，驅使我積極尋覓良方，寄望能在未來彌補遺憾。然而，我全力以赴還是徒勞無功。

得知診所歇業的消息後，地方官派人前來慰問，憂心我就此隱退不再行醫。那段時間，我終日掙扎於放棄行醫是否愧對已故父親的痛苦中，母親也加入遊說我恢復看診的行列。於是，在各界的拜訪與支持勸說下，我勉強打起精神，繼續診療病患。

紅兒事件發生後，面對病患，我更加謹慎關心他們的日常生活，包括心情、情緒，並仔細傾聽他們的心事，才逐漸從傷心中走出。然而，我也進一步發現：**多數**

人身體的疾病不單純是習慣或老化問題，真正的病灶往往起源於緊張、憂愁的心念，長期的鬱結使得身體虛損不調，更在時間催化後衍生出身體各種大小病痛。服藥固然可以舒緩或減輕症狀，但說到根治，還是要從「心」著手才是上策。不過，當時的時代氛圍並沒有這種觀念，我也只能將這深藏於心，好好從關心病患開始。

生命，是軀體和心靈的結合，如果只擁有健康的身體但靈魂脆弱，日子也難以過得安穩豐盛。就像巨大雄偉的神木，樹心卻腐朽不堪，即使存活也難擋強風暴雨，未來勢必搖搖欲墜。當我們從外在的表象物質獲得滿足，逐漸懂得照顧身體，換來較長壽命、病痛減少的同時，更應反觀自己的內心是否也同等獲得灌溉與充實。

歷經紅兒事件後，冥冥之中似乎有一條無形的軌道在牽引著，撞擊出我新的人生觀。天地之間，造化也許就在境遇的每一瞬間，讓我們的視野昇華，進而開啓圓滿智慧。

感嘆無常修法弘道，重獲心靈踏實喜悅

蒲月前幾天，鎮上人引來一位林老先生。他年輕時在地方上曾是個大地主，因教子無方，家產被逆子敗光，只好成天守著老宅，無所事事，感嘆世態炎涼。前來求診時，他神情恍惚、喃喃自語，攙扶他的是我的一位學生，名叫誠浩，平日樂善好施，經常是我出糧米，他集結幫手烹調，再由善心人士分送給在地弱勢鄉民。誠浩近幾日發現老人家食欲差，久咳不癒、精神不濟，愈來愈虛弱，便帶來醫治，希望設法改善。我和誠浩及學生們積極熬製藥材，每日按三餐送去給老人家服用，但經過一個多月的調理仍不見功效，多次修改處方也未見起色。後來，他連米粥都不願意食用。令人震驚的是，老人家在一次豪大雨的夜裡撒手人寰，直到隔天才被專送藥湯飯菜的廚二發現！

大夥兒趕過去時，他已氣絕多時，全身冰冷僵硬，面帶哀怨。當天，鎮上許多善心人士募資送老人家最後一程。打理完他的身後事，我赫然明白：心中常有一處「空蕩」，一種「落寞」感，是源自「我對生命的無奈」。沒有人能夠完全掌控生

命，即使醫術再好，我也無力讓人活得快樂，只是盡可能強化某些人的身體本能，讓他們得以存活在世間而已！於是，我開始轉往宗教，寄望能從靈性的角度尋求逆轉生命的關鍵。

乾隆四十五年，在機緣引領下，我接觸了《道德經》及漢傳佛教。深入研習後常心生歡喜，一股嚮往內心自在的力量應運而生，並開始學習禪坐。白天爲人看診，晚上則在禪房修練，曾有負面壓力的心也逐漸豁然開朗！這前所未有的喜悅，讓我不由得開始邀集學生一同參與，並偶爾和病人探討生命意義。我從實踐佛、道思想中得到讓身心安寧的方法，並助印《了凡四訓》，推廣扭轉人生的轉運造命之道，還在每一季號召舉辦募資救助活動，凝聚了許多熱心公益的朋友，在付出過程中獲得一種珍貴的價值和歸屬感。這一切，滋養了我曾經貧瘠的心田，也讓我領悟到：**人生真諦，並非在物質世界獲得滿足，而是真誠地「分享」自己擁有的**。能給予他人所需、將心比心體會他人處境，反倒安頓了自己的心靈，這種喜悅與踏實感，窮盡筆墨也難以形容。

持續推廣經典後，周遭陸續發生許多神奇的事件與巧合，例如一位多年無子的婦女在接觸《了凡四訓》後，一年內竟然順利懷孕。還有一個人在接觸此書後心生善念，積極行善積德。某夜剛就寢，隱約中聽見有人高喊：「失火了！失火了！」全家人紛紛奪門而出，卻未見任何起火處。就在各自返回寢室之前，赫然見到廚房屋簷冒出濃濃黑煙，一家人急忙提起水桶救火。事後仔細回想：大家緊急逃到屋外前並無火勢，又是誰提前警告「失火了」呢？神奇的巧合慢慢在城鎮裡傳了開來，燒香誦經的人開始增多，人們願意相信「積善之家必有餘慶」，造橋修路、施糧救濟、修繕寺廟和助印善書等種種善行也與日俱增，讓我深感欣慰。盡一己之力的推廣終於有了一點成績，原來，**「善」與「愛」會在無私的贈予中，變得愈來愈多。**

夢中景象提點，對生命時限有所了悟

潮起潮落是再自然不過的現象，而歲月也總是悄悄在不經意間飛逝。隨著年紀增長、時間過去，我自覺體力不如以往，且明顯衰退中。某天，為隔壁的二嬸把脈時，忽然一陣暈眩襲來，天旋地轉，導致我手腳發軟、不聽使喚許久。這現象似乎是上天在叮嚀著：「人在世間總有時。」念及於此，我當下心頭震驚了一會兒。片刻之後，請旁人扶我到書房歇息。仰坐在躺椅上，一股不祥的感覺浮上心頭。

世人常說「世事難料」，第四天早晨，我醒來時全身無力癱軟，呼吸既喘又咳，勉強舉起手摸了摸額頭，體溫明顯升高，胸口悶痛。久候我未赴餐廳用膳的學生警覺不對勁，前來臥房探望，經過診斷，他們判定我罹患了現代所稱的「肺炎」。有多年行醫經驗的我很明白此症的急迫性，生平第一次成為重症病人，角色從醫者轉為病患，更體悟到「無常」的到來才能證明自己是否眞的對生命無畏。接受醫治期間，許多友人、地方人士及以往治療過的病患紛紛前來贈禮關切，祝福我能早日康復，繼續帶領眾人互相傳遞溫暖與善愛。

直到第十三天，我的病情依舊不見好轉，卻在夜晚出現異狀。熟睡中，夢裡朦朦朧朧見到一些景象，先是在一個忽明忽暗的空間裡，接著光線愈來愈亮，在刺眼的白晝光中出現一條康莊大道，自腳邊筆直延伸到天際。遠處有著不計其數的宮殿，個個屋頂金碧輝煌，耀眼宛如仙境。我走向前沒幾步，出現一座鵝黃色石檯，上頭擺著一套能透出光芒的服飾。我隨手拿起端詳了一會兒，讚歎無縫無線竟能製成一套衣服，色澤清淡卻能展現層次，愈看愈覺得尺寸如同我平時所穿的一般熟悉且幾乎合身，隨後心頭一驚，愣住許久。回過神來，不由得點了點頭，內心已有了底，知道這意味著時日不多、大限已到，應該為自己安排後事了！剛一想完，便突然驚醒，胸口悶痛地咳了幾聲。我忍住情緒要求隨侍在旁的學生備好筆墨，以口述方式將我所知的醫術、經驗全數傳承。眾人見我神情篤定，也臆測出師父的心事，在旁的大弟子和寶邊拭淚邊向上蒼祈禱，十二人就這麼彙整資料直到早晨，我也整夜沒再闔眼。

殞落前的祝福告別，相約來生再見

清晨的亮光穿過窗縫照入屋內，這樣的景象已難再見，我聚精會神凝望許久，難以言語。對已知時日不多的人來說，不只是一道光線，哪怕是身旁的一景一物都顯得彌足珍貴。屋外傳來的陣陣交談聲打斷了我的思緒，隨著音量漸大，我意會到外頭應有不少人前來。我請和寶到門外察看，不一會兒，和寶進來告知屋外的人群是前來關切我的好友及老病患，正在交頭接耳打聽我的近況。我起身請人攙扶坐上椅子，抬頭往中庭一看，身體頓時有些許好轉的跡象，感到格外輕盈且少咳，胸不悶痛，僅呼吸還稍帶咻咻聲。來到人群前，我難爲情地搓揉了兩頰，看見這麼多熟悉的面孔，每一位皆是交情深厚，以往互動的一幕幕情景浮現腦海，點滴在心頭。當下我的心中雖然有許多不捨，但眼見眾人一個個都在鼓勵我，期盼我盡快康復，只好硬撐著孱弱的身體和大家說說話。

深吸了口氣，我面帶淺淺的微笑說道：「感謝各位前來支持，敝人備感榮幸！不過，生命就像一盞燭火，終有燃燒殆盡的一天。重點不在何時熄滅，而是它能否發揮原本應有的光芒，給人光明、照亮方向。這一生，我無愧於心，唯獨惋惜我只懂醫治眾人的身體疾病，卻太晚理解心靈才是生命的主人。也許相遇是緣分的安排，如果還有來生，我願意再與大家相聚，共同創造幸福的人生之路。」我語氣堅定，但看著在場每一個人不捨的神情，心裡也不好受。

話才說完沒多久，我的身體又開始出現不適，胸悶的感覺回來了，說話也變得氣喘吁吁。請學生招呼大家之後，便囑咐人帶我進房休息。仰躺在床上，細細望著生活已久、如此熟悉的地方，我心想，也許該放手讓人照料了，還來不及照顧的病患，就交由學生去打理、醫治吧！如果生命是一篇文章，也到了該畫上句點的時候了！

閉目沉思了一小段時間，身體突然由沉重轉爲輕盈。我喚著和寶，卻遲遲沒聽到回應。他不是在我身旁嗎？我是睡著，還是在做夢？昏昏沉沉之中，眼前出現一道白光，異象大道的景色再次出現，一樣的宮殿、石檯，唯獨檯面上的衣服失去了蹤影。我轉過身想盡快折返，然而，在眼角餘光中擺動的不就是……原來，那衣裳早已整齊地穿在我身上。

我左顧右盼想找人詢問，卻聽見右側遠處傳來熟悉的哭泣聲。環顧四周並仔細聆聽，發現是大夥兒和學生們的聲音從下方傳了上來。我眺望著遠處地面，看見家宅庭院有許多人跪著哭泣，有些人在我寢室門口進進出出，宛如發生大事，場面哀戚慌張。此時，我心裡明瞭，「我」……已經離開了。生、死就如古人所言，只在剎那之間！面對該甘願離開和道別的時刻，內心默默湧現無盡的祝福，一種安寧感也油然而生。親愛的，別遺忘了我們「再相會」的約定。無論如何，我是這麼期望著……

離開了！對於這一輩子，我畫下了完美的句號，無愧於心。我眞切地愛著每一位患者及家人，用心醫治病患，也盡力關懷身旁的人，內心充實又安穩。唯一遺憾的是，此生的我只能協助他人治療生理上的疾病，卻無法醫治心病。如果能有更好的方法傳遞幸福，不知該有多麼美好？可以活得快樂知足，才是真正的富裕。人生若能重來，就讓我完成這一樁心願吧！

今生遭遇的課題，是我們出生前的規畫

結束了前一世，回到最熟悉的天界。這裡只有白天，沒有黑夜，四處皆是愉悅美妙之聲，所見的景色無不令人讚歎，而我也恢復了尚未投胎前的記憶。如果要用一段話來形容當時的感受，投胎到人世間就像與電影公司簽約，離家隨著劇組四處出外景拍攝，一拍就是許多年，直到殺青後卸下戲服返家，奔波已久的心才眞正安頓下來，重回這絕美的勝境，也是心靈眞正的歸屬。

幾個月後，大弟子和寶與某些學生、家眷前來拜訪，一行人浩浩蕩蕩地乘雲而來。再次相聚的感動令我覺得既驚喜又溫馨，等不及請眾人入座，我就先詢問和寶是如何來到這裡的，怎麼這麼快就離開人世間？

和寶說：「師父，距離您仙逝已經快四十年了。」

「啊?!是我糊塗，身處天界的『愉悅』心境，眞的讓人無法感受時間的流

逝。」我這麼回答。

隨後，我趕忙招呼大家，和眾人聊起人間的那些「曾經」。和寶的夫人說：「我曾經以爲死亡是一種孤單、讓人恐懼、未知又遙遠的過程，現在不但沒有預期中的這些感受，反倒覺得往生後的瞬間，是前往另一個世界的『誕生』。」

我點點頭說：「的確是如此。不曾經驗過的事物，我們容易帶著對未知的恐懼去妄想，多方臆測或逃避不去面對。就像我們現在齊聚一堂，生死成爲一種雲淡風輕的閒聊笑談。生與死，其差別充其量只在於身體堪用或不堪使用，兩者之間其實很接近，沒有距離。」此時，遠處有一個熟悉的身影在侍者帶領下前來。

和寶揮揮手說：「看誰來了？誠浩，好久不見！」說完便趨步過去迎接。我則是笑得合不攏嘴，過往有緣的人在冥冥中眞的都是相互牽引在一起。

和寶見誠浩身帶光芒、衣著莊嚴，有別於生前，不禁讚歎了起來。我對和寶說：「一切都是他做過的功德顯化。在世能成就他人行善積福，得生天界以外，還能繼續利益他人。」

誠浩則轉身對我作揖道：「請師父帶領我們再到人間去吧！雖然天上的一切都

有求必應，但仍有許多人還在世間受苦受難、身不由己。」眾人聽完，一一鼓掌附議。我猶豫了一陣子，答道：「我先帶領大家到等待投生的地方參訪。輪迴的奧妙之美，始終都濃縮在每個緣分之中。」

參訪投生前的世界，再遇故知體認輪迴

於是，一行人乘坐多輛輦輿，奔馳在雲海中，朝東方而去。許久之後，我們來到一座城市，面積大到無法估計，分爲中、北、南、西、東區；街道寬敞整齊，地面鋪著珍稀的玉石，建築物分別由杉木、琉璃、金、錫等材質構成。所有欲投胎的靈識，都會先在此處集結，等待機緣，再投生世間。

步下輦輿之後，眾人漫無目的，隨意四處參觀。這裡華麗的程度雖不如天界，當地市集卻是應有盡有。這時，和寶往某個方向快步走去，呼喚著遠方的三位長者留步，其中一人原來是我們在人間協助過的林老先生。和寶問道：「林老先生，您怎麼會來到此處？」

老先生答道：「我準備投生世間，帶著孩子及太太一家人暫居此城等待。」

和寶訝異地問：「爲什麼要一家人一起投胎？」

林老先生說：「前世逆子不孝，如今他悔過自新，並對過往充滿自責與遺憾。雖然重修了父子之情，但他希望在來世報答父母的養育恩德，因此我們共商重返人間經歷一切，從付出、接受的因果互動中，讓彼此重啓學習之路。」

一旁的誠浩不解，也跟著問道：「什麼因緣讓你們在這裡相聚？到世間之後，又有什麼樣的機制會啓發彼此？」

林老先生說：「緣分造化下，自然會相遇，如同今天能再遇見各位一般。投胎後，原先的角色會轉換、顚倒，我會是他的兒子，我太太則是他的女兒。他需要藉由這個體驗領會養育、栽培子女的艱辛，我則要從爲人子女的角色中學習發自內心的感念，相互形成良性的循環，並讓彼此在相處過程中激發出愛的心智。」

誠浩繼續問道：「每個人的角色都會顚倒置換嗎？」

老先生很有耐心地回答：「不一定，有些人的角色依舊不變，藉由投胎再次經歷，學習在更深層的對待與遭遇中轉化心念。」

誠浩略微明白後又問：「所以，人與人的關係皆是經過緊密的安排，並從互動中觀察、體認自己，同時也讓別人可以一起成長，是嗎？」

林老先生點點頭說道：「就像來世我會向各位回報以往照料的恩情，是你們未來的貴人，而我也將從過程中感受助人的喜悅，拓展更寬廣的心量。」

眾人聽完後，對靈性世界和物質世界都有了更深入的理解。**輪迴可以讓我們獲得重新歷練的機會，帶著足夠的「勇氣」面對那個曾經不斷逃避課題的「自己」，並學習在過程中轉化逆境，淬鍊出更圓滿的智慧。**

規畫下一世的重修課題

接著我們一路西行，見到數座雄偉的大教堂、寺廟等建築，各自擁有寬廣的面積，且人潮眾多、進出頻繁，熱鬧不已。來來往往的人，臉上無不流露著喜悅和笑容。和寶在好奇心驅使下，搶先幾步走進莊嚴的古剎寺廟，想一窺究竟。

來到了挑高的大殿內，雖然人潮擁擠，但眼前的三尊大佛法相莊嚴、氣宇恢弘得讓人心生恭敬，目不轉睛。頂禮完後，緊接著來到後院像是學堂的建築內。它區隔成一間間寬敞的教室，透過窗戶，隱約能窺見裡面有位神仙和學生正在交談討論著。於是，一行人走到新生報到區詢問，得知這是即將投胎的靈魂尋求規畫來生藍圖的場所，每一位皆能與自己有緣的神祇師父坐下面談、細細研議。首先，會讓當事人回憶前世所做的種種，反思並自我評量生前作為，看看在前一世的角色扮演中，是否還有遺憾、虧欠、怨恨、糾結、逃避、懦弱、障礙等難以跨越的情結。

接著，雙方據此進行一連串的商討，對來生做重點式的安排，並設計規畫出相對應的劇情，藉由再一次輪迴、再一次經歷的實境際遇，讓未來的自己得以從中磨合出「和解」「包容」，解開宿世的那份心智衝突，由狹隘的自我感，擴展到更廣域的心識本質。然而，可選擇的角色類型或壽命長短，依舊取決於前一世的「心量」大小，神祇僅能依照學生下一世安排好的劇本，給予最適合的協助和指引。

此時，和寶想更深入了解，便四處張望，看看有沒有可詢問的神祇，好好地追根究柢一番。一位剛下樓的仙人得知和寶的心念，便順勢來到我們身旁，語氣慈祥地主動為眾人講解。

和寶急忙向仙人作揖行禮道：「得道仙人慈悲。請問，什麼樣的靈識可以來到這裡？此外，爲何有教堂和寺廟等不同的場所？」

仙人說：「靈界任何欲投生人間者，皆隨因緣前來，預先規畫來世的生命情境。寺廟與教堂是因每個靈識的心念、志向不同顯化而生；在人道未有信仰者，則一葉蔽目，不見泰山。」

和寶又問：「什麼樣的靈識不需要投胎輪迴？」

仙人答道：「有兩種人，一種是從累世角色中完成課題，已智慧通達、心性圓滿者；另一種則是證道之人，展露自性之光。」

「那爲什麼一定要到人世間呢？」和寶不解地問。

仙人笑著回答：「人間苦樂參半，在有生有滅、有得有失的世界中，必定煩惱無盡，有所得也煩惱，有所失去亦離不開煩惱，外境世俗之事一生忙不盡、煩不完，心頭永難歇息。經反覆體驗輪迴後，逐步走向內心探求之路，澈悟煩惱轉生智慧之蓮而自在悠然。從原先的自私自利、貪求無厭，到體悟共享，再到回歸一合相，交付出一顆無礙眞心，圓滿每一生受用無盡。」

「再請教仙人，由何處下手才得以盡早完成世間課題？」

仙人又答：「**從親人開始，再延伸到陌生人，藉『人情關係』修練最為快速**，彼此在對待過程中呈現、感受和反應的，正是你的『內心實境』；所生的痛苦、無奈、距離、感傷、逃避、幸福、快樂等種種感覺，皆不離所謂的『課題機會』。與其說是你與『他人』的關係，不如說是你和『自己』的關係，更是靈識的自己給未來後天意識的自己之課題。明瞭後，即能重啓內心觀照本能，眞誠面對，方能逐一完成。」

緊接著，仙人微笑轉頭，再對眾人說：「你們這位師父也在這裡指導過。八百年前他發下宏願，要重返人間身體力行，帶著許多迷惘流浪的靈識重回天道。如今，他和你們一起經歷，不久後會再集結眾人入世。祝福各位能早日圓滿。」

我說：「是我不才，教導無方，曾協助做過規畫的部分靈識一去人間便不復返，只能重入輪迴，在機緣下給予他們適切的叮嚀、協助。我願帶著愛再次返回世間。」

仙人點點頭笑道：「快去吧！」

聽完仙人的一席話，一群人有如醍醐灌頂，向詳盡開示的仙人作揖鞠躬致意，隨後便離開了。

藉輪迴重新體驗，再次從課題機會中學習

回程途中，和寶對我說：「師父，走了這麼一趟，我深深感受到：**生死輪迴說穿了，就是自己給自己一次重新學習的機會。**」

我點點頭回應：「只可惜世人不明白這個道理，入戲其中無法自拔，汲汲營營追求未曾體驗過的人事物，又忽略眼前已經獲得的美好和幸福，直至生命終老仍因欲望無法滿足而埋怨命運，人生落入『好還要更好』的設定之中，徹底遺忘了此生是再一次的學習。像你能夠投生這天界，起因是你在世間時行善積德，事事帶著『愛』去付出，在不計較你我之中，心量擴大至接近自性本質，所以可悠遊天界、來去自如，一切現成都能擁有，也什麼都不缺。不過，還有更圓滿的世界等待著你！你要再去世間歷練歷練才行。」

誠浩聽聞我提到再去世間，急忙問：「師父，您不是也希望再去世間，圓自己

未完的心願？何時能與您一同前往？」

聽誠浩這麼一問，一旁的眾人也異口同聲地應和探詢。我說：「機緣很快會到，不久之後，人世間即將面臨戰亂，連天朝體制都會隨時代崩解，不如等待人民可以自由作主的時候吧！」

輪迴，是生命最絕美的機制。利用「再來一次」的機會，去完成你尚未完成的課題，並藉由「重新體驗」，更深度地領會你存在的價值。而「愛」，就是推動一切力量的源頭，緊緊連繫著與你前世有關的人，彼此相約來生再見。而我，在歷經行醫的角色後，接觸和醫治過的許多人都深深期待我能在來生繼續和他們一起分享、彼此陪伴。此生，經歷輪迴、轉換成另一種身分後，我依然盼望能走入你的生活，不僅是協助、指引你人生方向，更想要傳遞給你無盡的幸福和溫暖。如果可以，期盼在你那如漆黑暗夜般的人生裡，尚有我這盞和煦燭光，帶給你無所畏懼的力量，迎向未來。所以……我會再來！

乘心願而來，重回世間傳愛

在天界的某一天，我在專注抄寫經文時，宮殿外傳來陣陣天人的交談之聲，音量更逐漸增大。因過去未曾有過這樣的情景，我隨即擱置手中的筆墨前往察看。走出宮殿一看，眼前人山人海，人數不是三千或六千，而是超過萬人集結在一起。還在疑惑時，和寶已走到我面前說明：

「師父，現場的眾人是以往您在世時照顧過的病患、好友、學徒與眾人家眷，如今得知您準備乘心願再次投生入世，眾人期望能共襄盛舉，與您一同前往。」

我面露難色，對和寶說：「和寶，世間的誘惑太多，況且一旦出生爲人，難免會陷入只追逐眼前感受的局面，求結婚、生子、發財、升官，此刻的記憶只會埋沒到更深層的心田裡無法察覺，和遺忘沒有兩樣。要在人間集結大家，談何容易？」

和寶答：「那要不這樣，眾人也有自己尚未完成的課題需要學習，不如就分別投胎，在不同的區域、時間，各自學習專長，待師父您遇機緣成立處所，開始爲人排憂解惑後，我們再分別於不同時期找到您請益。其餘的，我們再想想辦法。」

我不捨地對和寶說：「輪迴不是兒戲，這麼多天人在天界日子過得自在悠哉，卻還要到人間歷練各種辛苦折磨，有多少人能承受？」

眾人聽見我說的話，高聲齊呼：「我們都能承受！」

「師父，眾人心意已定，您就圓了大家的願望吧！」和寶恭敬又誠懇地對我說。

眼看每個人眼神中都流露出一股堅定，我心想，也許入世機緣已到……便向眾人傳達：「感謝大家！我會再和最高階神祇研討商議，如有好消息，再知會大家。」

眾人聽我這麼一說，無不雀躍鼓掌，在一片歡笑交談聲中逐漸散去。

依約再次投生，引人找到心安圓滿

一個多月後，高階神祇指派使者回覆：「近期可集結有緣靈識投生人間，應機緣相遇啓蒙修行入道。善根深厚者，將輔佐你完成此願，其餘天意自有安排。」

誠浩得知消息，急忙前來書閣與我討論，卻唯獨未見和寶到來。我問誠浩：「和寶對這件事向來積極，時候已到，怎麼臨時缺席了？」

「師父，和寶……和寶他……耐不住性子，先偷溜去了人世間，說是去……幫您探路。」回話後，誠浩坐立難安，無語了一陣子。

沉默之中，我問道：「現在台灣府狀況如何？」

誠浩答：「師父，現在已經沒有台灣府，改稱台灣省。經濟發展快速，但建設略少，地域則劃分爲北、中、南區，天朝制度已不復存在，人民生活自主。」

我又問：「目前有多少天人有意願一同投生人間？」

「師父，有些人已陸續先行一步了，所剩不多。」

「好吧！你盡快安排。」我對誠浩說。

「師父，依照因緣，每個人投生的時間不同，我會加緊腳步，您的行囊近期也會備妥。」

我回道：「投生世間，天界行囊是帶不過去的，就像從世間往生時，也無法帶走任何一物。輪迴機制唯一公平的，就是任何人皆空手來、空手去，唯有『業識』相伴隨，顯化漫遊在浩瀚宇宙之中。」

聽完我說的話，誠浩忍不住問：「師父，爲何世間人總是一意孤行，用盡畢生精力貪求未來帶不走的物質？」

「還記得前一世你尚未來到天界的過往嗎？」我問誠浩。

「師父，在這天界無一或缺，對於那久遠的世間事，會記得，但不曾懷念。」

「你在人間時，曾想過有一天能投生天界、享福自在嗎？」

誠浩答道：「回師父的話，不曾。當時我日以繼夜忙碌，只爲養家過活、照顧兩老，雖然聽過天庭、地府、佛國之說，但總以爲那是離我很遙遠、眼睛看不見的世界，何以能夠依靠？」

我反問他：「這麼說來，你又爲何跟隨我四處協助孤兒老弱，默默行善積德呢？」

「師父，我沒意會到那是行善積德，就只是單純付出，之後內心卻感到舒暢無比，心安喜悅，難以言喻。」

「心，既然看不見摸不著，你又爲何因那無法捉摸的『心』，去完成一份心安？」

誠浩沉思許久，才答道：「師父，經由您的提醒，我突然懂了！原來，**『心』才是我的真實世界，而身體以外的世界，來自內心的解讀，也可以說是我自己心裡製造出來的認知與投影**。自以爲內心缺乏的，就會想要從外界獲得，以慰藉心靈空虛，殊不知一切的起源都是那顆『心』。」

我欣慰地點點頭，對誠浩說：「很好！你目前居住的天界，就是由你那顆舒暢心安之『心』，顯化出了你所在的實質世界。所以不能說眼不見的世界何以依靠，任何人時時刻刻都依靠著那個未曾眞正認識過的自己，也就是自己的『內心』。一開始，爲了生存而活，成天埋頭苦幹，處理外境事務；日子久了，便會發現，**能干預生命美好的，並非外界的遭遇或對待，而是那顆你尚未真正了解、懵懵懂懂的心**，它創造了未來際遇，進而引領你向內探尋，最終找到生命眞正的價值。」

誠浩又問：「師父，一般人投胎到人世間，要如何完成『心安』？」

我答：「如同之前的仙人所說，從遇見的周遭人開始。**任何人來到你生命中都是**

一種『約定』，相約在來生重新經由再一次的際遇和關係彼此學習。過程中能警覺到自己內心的衝突、不安、執著、痛苦、依賴等，直到安下那顆心，就算一個階段的完成，再從中體會出愛和接納的真諦，就是『圓滿』的開始。」

誠浩動容地說：「師父，您總惦記著大夥兒，所以乘一顆『愛』的心願再到世間，希望我們未來能順利相遇。」

「是啊！如果可以，我們一起讓這份愛在世間傳遞，不再隨時間消失。」我微笑地答道。

「師父，時間已到，我們該準備出發了！」

這一幕讓我內心百感交集，激盪的心情影響了定力，所處的情境瞬間開始扭曲，並急速倒退抽移，回到時光隧道裡。很快地，便返回現在的時空。仍然坐在辦公椅上的我，回顧了前一世的際遇，如此寫實又讓人激動不已。我睜開雙眼，深深吸了一口氣，內心交集的種種感受難以言喻，令我靜默沉思許久。

我，會再來人世間是一場約定。倘若緣分讓我們能夠再次相遇，希望你願意毫不遲疑地伸出雙手，讓我可以緊緊拉住你、幫助你，再一次領受生命最眞實的幸福與溫度。

久別重逢的溫暖問候

約定，無論用什麼形式，總能在無形中牽繫著彼此，就算僅僅是口頭上的約定，未來的際遇也將隨之展開。

車水馬龍、高樓林立，你我一同來到繁華的二十一世紀地球村。離開前世熟悉的城鎮，告別了過往共度生活的家屬和親人，依循投胎前預先規畫好的生命藍圖，個別轉換身分與角色再次來到世間，在同屬東方世界的不同區域，將心念化爲行動再一次去實踐、體驗，展開一段段豐富美好的未來，譜寫屬於你今生的故事章節。

在生命中遇見的所有人，必然是久別後的重逢，彼此相約帶著「愛」再度前來，並賦予自己重新選擇的機會。**任何關係，皆是藉由緣分的「發生」形成「際遇」，讓雙方在互動過程中重新學習及體悟，使前世難以克服的問題透過今生的再一次**

調整與對待，解開一個個前世遺留下來的心結。一切的有緣，皆與前世有所關連且相互對應，也許，前世的父母是你今生的兒女，上輩子的情人則成爲你今世的妻子……曾深愛過、怨懟過、遺憾過、不捨過的人，一一轉化成不同的關係與角色，出現在你周遭。此生，如何把握住你遺憾過的，如何扭轉曾怨懟過的，改變的契機，往往就在你的一念之間。

自國外求學回台灣後，在緣分的安排下，我成爲一位道家導師，內心深深期盼，我們能一起在每段際遇中體會「珍惜」。我不奢望你乘風破浪，只希望你能帶著「愛」去感受一切，細細品味及領悟生命的點點滴滴，這份眞摯的心意，從來不曾間斷過。倘若機緣已到，也許我們會再次相遇，繼續提醒著你該如何走向更幸福的人生。緣分，總在冥冥之中牽引著你我，而久別後的重逢，似乎就在轉眼間發生。

低潮讓人對未來一片茫然

人遭逢低潮時，不是陷入自我懷疑的牢籠，就是退縮、逃避，原本如遼闊地平線般美麗的人生風景，卻逐漸崩塌下陷，對未來感到一片茫然。

陳小姐是我前世醫治過的病患之一，生長在權貴富裕家庭，自小好學，個性好強略微驕縱，後來嫁入門當戶對的大家族，一手扶持丈夫，將夫家的錢莊經營得有聲有色。今生，因爲她的一次嚴重低潮、沮喪，開啓了我們再次相遇的緣分。

幾個月前，陳小姐才遭逢喪弟之痛，中午午休過後，同事通知她進處長辦公室。表面上是溝通專案進度，眞正的目的卻是希望她能以憂鬱症爲由自行請辭，因爲公司不願意用資遣的方式讓她離職。走出辦公室，陳小姐步履蹣跚，感到極度絕望無助。沒想到，爲現在的工作辛苦努力奮鬥了四年，得不到任何升遷或肯定之外，上司竟然還抛出宛如晴天霹靂的離職要求！

回到座位上，她呆看著電腦螢幕許久，無法置信自己竟然被迫離開工作團隊。她忍住眼淚，壓抑著情緒寫了申請離職的電子郵件給人資，理由是：因弟弟驟逝造成創傷後壓力症候群，難以適應公司發展腳步而自願離職。按下寄出鍵後，淚水不禁滴落在鍵盤上，她不斷在心中告訴自己：「要堅強！沒人可以打倒你！就算再委屈都不能寫在臉上，要有自信地過完今天！」

下班後，陳小姐獨自一人走在路上，生平第一次體會到，炎熱的夏夜竟然也能感受到寒意。此時，皮包內的手機傳來ＬＩＮＥ的訊息提醒聲，幾位好友正在咖啡廳，邀約她一同晚餐。她心想：「只要不聊到跟公司有關的話題，就當作是去放鬆吧！」於是，她強打起精神搭上計程車赴約。

見到三五好友，陳小姐強顏歡笑加入大家的聊天話題，試著讓自己沉浸在談笑聲中，暫時忘卻離職的不愉快。這時，蓉蓉的談話內容吸引了陳小姐的注意力，因而默默仔細地聆聽著。

蓉蓉說，她會結婚、嫁給現在的好老公，和一位導師有關。回想當時前男友嘉誠向她求婚時，她非常猶豫，因爲假如答應了嘉誠，就得搬去美國，和家人分隔兩地，一年才能回台一次，而她又是家中的獨生女，這讓她徘徊在親情與愛情之間，難以抉擇。後來經朋友介紹，認識了紫嚴導師，得到的建議是：要暫緩此段感情，因爲新戀情很快會來到，並且會獲得幸福。

就在五個月後，蓉蓉認識了現在的先生，兩人迅速進入熱戀，她才發覺和前男友嘉誠的相處只有物質上的享樂，卻缺少了心靈上的契合，因而十分慶幸當時沒有答應嘉誠的求婚。蓉蓉很滿意現在的婚姻，因爲老公除了工作認眞又有責任感之外，兩人更是無話不談。她從中獲得體悟：對的人，足以讓人自在而毫無壓抑地一起生活，既是情人，也是朋友、親人，能夠攜手面對未知的人生，這才是眞幸福。

一群好友開心地恭喜蓉蓉，獻上祝福，陳小姐則詢問如何能見上這位導師一面。於是，蓉蓉私下幫陳小姐預約請益，還一再叮嚀她，如果認爲這位導師是算命的，鐵定會被請出去，再也無法預約！陳小姐點點頭說：「我知道了！」

用「祝福」打開遺憾的心結

被公司要求自行請辭後，陳小姐便待在家中，足不出戶。一天晚上，蓉蓉傳來了ＬＩＮＥ訊息：「我幫你確認了紫嚴導師的時間，明晚九點，記得準時到喔～」

讀完訊息後，陳小姐懷著忐忑不安的心情入睡，希望明天就可以得到人生疑惑的解答。睡夢中，陳小姐見到一位身穿藍衣的男子，告訴她：「人生起起落落，猶如掛在天上的皎潔月亮，有圓也有缺。當你學會了欣賞，圓缺皆是一種美的呈現。若內心豐盛了，瀏覽到的一切，都是種幸福。」陳小姐被這段話驚醒，心想，怎麼會夢到這個未曾相識的人？搔著頭、疑惑了一會兒，又倒頭繼續昏睡。

次日晚上八點五十五分，陳小姐走上本院樓梯，沉重的步伐中，感受得到自己的緊張。她擔心我給的答案不是她想要的，抱著惶恐不安但又得面對的心情走入本院。一見到我，陳小姐睜大雙眼：「你……昨晚我夢到的就是你！這也太巧了吧?!」

我笑笑對她說：「你好，很高興再次見面。」

陳小姐忍不住驚呼：「我都起雞皮疙瘩了！怎麼會有這種事，會不會太玄了？」

我回道：「世上任何事情都可能發生。就拿你來說，面臨這些遭遇，想必對未來失去了方向感。你想表現的『堅強』，是對人事物的武裝、防範，不想被別人看輕或取笑。愈是這樣，你愈會失去對生命的包容和彈性，繼續壓抑下去，更會造成未來難以突破的瓶頸。」

陳小姐說：「我是沒辦法接受別人看輕我的眼光。可是，把內心的苦顯露出來給別人看，豈不是更苦？」

我告訴她：「在我們認為被看輕的同時，其實是有著不信任自己和自責所造成的情緒。然而，**面對內心衝突，除了看透情緒以外，別無他法**。不過，大部分的人常用壓制來隱藏自己的感受，或者選擇以憤怒來平衡、發洩心情，這兩者都無濟於事，反而扭曲了善解的心念，對外界更會逐漸產生敵意。」

「您說的，我會回去認真琢磨。但導師，可否先為我解答一個問題？我弟弟目前在哪裡？我放心不下他，求求您跟我說！」陳小姐急切地問道。

「他現在過得很好，生前信奉主，也常參加禮拜，如今已到天國享福。可惜的是，那裡沒有摩托車可以讓他奔馳狂飆，可能是他唯一的遺憾。」我說。

「對！他就是愛騎快車，才會造成這難以挽回的悲劇，讓媽媽傷透了心，也造成我揮之不去的陰影。一個孝順的大男孩，怎麼就這樣走了?!」陳小姐難掩不捨之情地說著。

我繼續對她說：「前世裡，你們的關係很好，但他只能在這世間短暫停留，年滿二十五歲就會離世，前往下一個階段學習。面對死亡，我們這些還活著的人往往被一種無法割捨的情感綁架，也遺憾自己沒有珍惜曾經的幸福，陷入想做些什麼、卻又無從著手的矛盾情結裡。你弟弟並沒有消失，而是在另一個世界繼續生活。」

陳小姐追問道：「爲什麼只有二十五年？剛過完生日兩個星期就離開，我眞的無法接受！」

我說：「他在世時，常霸占廁所玩手機遊戲，總是拖拖拉拉，你無法接受；晚上回到家，見人愛理不理、不打招呼，你也無法接受；吃完飯不幫忙洗碗，碗筷丟著就直接進房間休息，你還是無法接受。唯有你接受了他的離開，心才會被鬆綁。」

這番話讓陳小姐一時語塞：「我……是嫌他髒、沒禮貌、對家庭沒有付出，可是……我沒要他離開人世。」

「前世，他與你們相處的『學分』加總算起來只有二十五年，因此今生只能待上這些時間。你接下來要爲他做的，是『祝福』他在另一個世界快樂自在。你的心念很快會帶給他安心，對你、對他都有好處。與其繼續難過地思念他，不如把這份傷心轉化成一份祝福，會更有價值。」我說。

陳小姐又問：「那我的工作該怎麼辦？」

我答道：「就等你安下心、情緒好轉，積極上求職網站尋找新工作。倘若你能調整心情並鼓起勇氣，我就答應在無形中協助你獲得一份好工作。」

陳小姐驚訝地問道：「眞的？但爲什麼這和我的情緒有關？」

我肯定地對她說：「眞的！你向來工作努力，自我要求甚高，但在經歷弟弟驟逝的過程中產生難以跨越的低潮與壓力，影響了你上班時的表現，才會遭到主管撤換。如果再不面對，你怎麼能把握住未來即將發生的美好？」

陳小姐點著頭說：「好，我願意平復弟弟離開帶來的傷痛，請您務必幫我找到好工作。」

「當然！回去準備好自己，重新出發吧！」我微笑著結束這段對話。

從陳小姐的眼神中，我感受到她內心的困頓無助，也很欣慰今生能與她再度見面，雖然時空背景已經不同，我的心念卻沒有改變過。前世曾是千金大小姐的她，如今投生到一般小康家庭，適應上勢必會經歷不少波折。從上輩子人人稱羨的優渥生活，到今生失去光環，轉換成和一般人平起平坐的身分，心性部分尚需要智慧去調適，學習從他人的目光中修磨掉慣有的剛硬性格，並在人際關係中注入柔軟和彈性。

而我，也深信她能度過難關，並在心中這麼祝福著。

勇於面對、走出困境，收穫幸福果實

不久之後，陳小姐就被一間上市公司錄取，福利制度比前公司更優渥，工作能力也被上司認可，而特別拔擢升遷，順利找到自己得以發揮所長的舞台。任職一年後，期盼已久的愛情也前來叩門，遇見了好姻緣，讓她順利在隔年結婚，終於從人生的谷底攀升，來到風和日麗的山頭。懷孕期間，她帶著謝禮前來拜訪。

「紫嚴導師，感謝您的幫助，讓我重拾以往的自信，太令人振奮了！」陳小姐開心地對我說。

我告訴她：「**困境和沮喪往往不是來毀滅我們，而是激發出勇於面對事件的自信，重新修復內心的恐懼**。跨越了，一切都會雨過天晴，幸福是你自己把握來的。」

陳小姐笑笑地問道：「不知爲何，我對您總是比他人多一分信任，前世我們一定有著親人的關係，對吧？」

「可能是我保有坐在這裡的初衷，所以你信任我。前世的角色你毋須探索，今生所受，就是前世所做。」我避重就輕地這麼回答著。

陳小姐聽我這麼說，也就不繼續追問。在一來一往的歡笑交談聲中，我和陳小姐分享著生命的喜悅。比起前世，她更懂得珍惜周遭的一切。輪迴，讓我們一步步走入人生劇情裡，學習在不同的角色中啓發自己，撞擊出勇敢無畏的能力。任何人，都有讓自身生命更加豐盛的潛能，只要「願意」，誰都能做到。

「你好！」是我對每個前來拜訪的人說的第一句問候語，雖然僅是短短兩個字，卻道出我心中最深切的喜悅。

機緣安排你藉由經歷生活中的逆境，讓我們能在今生再度相遇，也許你早已遺忘了前世的一切，但，與你相遇既是久別重逢，更是今生最美好的約定。我仍然堅守著「我會再來」的承諾，重新回到你生活的世界。在早已物換星移的時空中，每個人的到來皆有其目的，也都是帶著「愛」和「勇氣」前來。此生的相遇，不僅是我和你的約定，**周遭遇到的人，從愛情、親情、手足之情，乃至一切有情，都是一同相約**

而來，無人例外。如何從不同的「互動關係」中，找到更懂得去「愛」他人的方式？如何用更豁達的心來面對與豐富生命，進而踏上充滿自信的嶄新人生旅程？一切的經歷，都是別具意義的學習，你，一定可以的！

「緣」滿小叮嚀：留意任何想要透露與你前世之緣的人

在此要特別一提的是，我從不和任何人談論對方前世與我之間的關係，這是絕對必須「嚴格遵守」的不二原則，以避免任何人因此對前世今生的角色產生誤解、混淆或不當的投射。因為，任何透露都會影響未來因果循環的機制，真正理解前世今生之人，必定會對此守口如瓶。倘若有人告訴你「前世你與他的關係是……」的時候，一定要格外留意對方的動機。

今生，讓自己走入有愛的旅程

幸福，是老天早已爲你開啓的一扇門，等待著你走入有愛的旅程。

「愛」有一種神奇的魔力，足以喚醒沉睡中的人們，重新張開緊閉已久的心靈之眼，找回對這個世間的熱愛，以積極開闊的態度體驗一切，讓生命閃耀出許多令人驚豔的火花。帶著愛，你會發現：生活中微不足道的小事物，也能像裝設了隱藏的LED燈一般，在你面前閃閃發光。即使走在每天行經的街道上，都會像置身國外旅遊般輕鬆悠閒；見到熟悉的朋友，在平凡的互動中，也能輕易察覺每個人臉上洋溢的溫暖無邪笑容。**愛，是讓萬事萬物變得更加美好的放大鏡**，讓我們把心聚焦在每一個幸福的當下，並彰顯出你千里迢迢來到今生的意義和價值。

我們都遇過，同樣的錯誤經常重複發生，除非能意識到問題的深層核心，否則只能在無限迴圈的循環裡繼續錯下去。「錯誤」的意思並不是指「不對」或「很糟」，而是來自對問題的「疏忽」或「漠視」，讓我們的心停滯不前，無法「順暢流動」，阻礙了心靈朝更廣域空間拓展的力量，久而久之，更會對生命失去「信任感」。倘若這份「無法信任」發生在人際關係上，日積月累後，就只能活在因生命未盡而勉強活著的意識形態框架裡，終其一生對自己與他人無感、痲木、冷漠；若對特定人事物持續抱持著這份「無法信任」，久而久之則會產生焦慮、敏感、強迫、控制的傾向，或是因爲過度焦慮而逃避，陷入一切都無關緊要、可有可無的渾渾噩噩狀態中。

由此可知，從疏忽到漠視再到無信任感，經過時間累積會變成「習慣」，讓已經存在的問題更難以被意識到。而當發現錯誤想要及時改正時，又會感到挫折重重，因而把「好難改」或「我努力」掛在嘴邊當藉口，逃避「習慣性」帶來的作用力。人性向來喜歡輕鬆、愉快，面臨問題和瓶頸時，自然會選擇對自己有利的方向和可以迴避閃躲的捷徑，因而造就了得過且過的生命態度，讓人生缺乏挑戰與突破，也因此失去了價值感和動力。

業力來自前世的認知與習慣，待今生淬鍊扭轉

前世養成的「認知」和「慣性」就是一種力量，也可稱爲「業力」，而業力有正向和負向兩類，會隨著靈識帶到今生，再次被開啓。其目的很簡單，就是爲了讓人從正向的「好」中淬鍊出珍惜，從負向的「壞」中撞擊出蛻變，再從好和壞裡「脫穎而出」，學會接納正、負向兩種能量，使你的心變得更豁達、自在。

接下來，就讓我們走入以下的事件，深入了解如何在際遇中意識到問題的關鍵核心，再從中找到改變的轉機。

林小姐前世是隨侍在一位千金小姐身邊、飽受寵愛的丫鬟，並跟著小姐出嫁到某戶人家。性格開朗的她擁有一群好友，也不時集結姊妹們逛逛市集、連繫感情。不料，一次男主人家中的珠寶失竊，竟無端牽連到她身上，調查過程中顯示的證據對她極爲不利，頓時讓她失去了小姐的信任，被迫遠嫁到異鄉，過著離鄉背井的生活。而她，也因此盡失對人心的信任，變得不愛與人交談，迴避與他人有過多關係和接觸，平時白天協助務農，晚上則照顧體弱多病的丈夫，日復一日的苦日子，迫使她決心不

再相信任何人。

某天下午，林小姐依約定時間前來。見到我時，她抿著嘴唇，強迫自己擠出微笑，對我點頭示意。我反覆念了她的中文名字好幾遍，只得到她睜大雙眼、不發一語的冷淡回應。

我對她說：「你，不知道什麼是『愛』，甚至不相信有愛，今天你只想知道自己活著是爲了什麼。」

林小姐表情漠然地回答：「嗯。」

我又說：「前世你是一位備受千金小姐疼愛的丫鬟，可惜因爲一次財物失竊，讓你和小姐之間的關係崩壞，更導致之後的命運變得艱辛。今生，你從小就不信任母親，不論她多麼呵護、照顧你，你就是不願意正面回應。活到三十多歲，迴避了所有想跟你建立關係的人，到目前爲止，算得上朋友的人只有兩位，不想結婚、不相信愛情，也愈來愈不知道自己接下來該做什麼。」

林小姐依舊沒有太大反應，只淡淡地說：「嗯。」

「那位前世曾經很疼愛你的小姐，就是你今生的母親。」

一聽我這麼說，林小姐從面無表情轉爲驚訝地問道：「是我母親?!」

我說：「前世，你們倆起初非常要好，只是因爲一場誤會，讓彼此懷抱埋怨度過終生。你在尚未投胎前就預先規畫好今生要做她的孩子，從最親近的親子之情開始修復兩人的關係，再透過陪伴解開前世心結，讓你對原本令你失望的人性重啓信任，燃起你對生命的熱情與活力。只是，如今你來到這個歲數，卻還是忽略與遺忘了你投生前設定的目的。」

林小姐說：「不知道爲什麼，我就是不喜歡她，從小對她就有一股莫名的怨氣。」

我告訴她：「前世的你，用怨懟去解讀當時的事件，對她的信任因此跟著消失殆盡。出生之後，過去殘留的這種感覺會持續存在，讓你帶著『慣性』去挑剔她，繼續對她投射出前世的負面情緒。」

林小姐語帶埋怨地說：「那還不是因爲她前世誤解了我，今生這樣是她該受的結果。」

我說：「不！你搞錯方向了，前世你們是**因為有『愛』才產生誤解**，你和她都一樣。**沒有人會去誤會毫不相關、缺乏交集的陌生人**，或是自己不在乎的人。」

林小姐反問：「既然有愛，又爲什麼會產生誤解？」

我答道：「愛的方式如果不合乎對方的期待，長時間累積下來就容易產生誤解。拿今生的例子來說，小時候你不喜歡母親對你講話的方式，雖然她的出發點是一種愛的表現，你還是覺得厭惡。如果你不在乎她，就不可能會有情緒和埋怨，加上你以『討厭』和『反抗』爲手段，希望逼迫她依你喜歡的模式跟你對話、相處，卻因爲她遲遲不依照你的意思，而產生更多失落感，也造就了更深的『誤會』，讓你逐漸無法信任親情，進而延伸、擴展到『這世界沒有人了解你』的認知誤區裡，於是對任何關係都選擇保持疏離。其實，你們兩人心底都深愛著彼此，但又矛盾地希望對方能照自己想要的方式去付出、給愛。」

林小姐說：「我，眞的找不到對她的愛……」

我說：「一次失落，就會累積一份不信任感；多幾次的失落，就會形成根深柢固的不相信。愛，自然也會因爲這樣而消失。」

林小姐問：「導師的意思是，沒有了信任，愛就會消失，是嗎？」

我答道：「對！**信任是愛的基礎，不論親情、愛情、友情皆是如此**。所以，當你心中有了『不信任感』，就給不出任何愛，更不可能從中獲得幸福感。」

林小姐又問：「所以，是我自己毀了自己的幸福，因爲我不相信人，對吧？」

我說：「對，因爲你內心已經建構了『不信任』的『認知』，自然對於遭遇的一切都無法感受到愛。」

林小姐若有所思地說：「我是不太相信人，也很難從別人身上感受到愛。前男友曾經讓我有過愛的感覺，但也只維持了一年左右。」

我說：「你跟前男友剛開始交往時，把對於愛的期望寄託在他身上，在這份『暫時信任』的影響下，你有了一點愛的感受。但時間久了，你習慣性存在的不信任感就會開始摧毀你的感情，讓對方逐漸找不到繼續愛你的動力。」

林小姐恍然大悟地說：「我前男友的確是因爲找不到繼續愛我的動力而提出分手，現在我總算明白了。請問導師，這個問題要怎麼解決？」

我答道：「緣分，讓你和母親再次相遇，今生的你該藉由這個機會重啓信任和愛的能力。」

林小姐問：「那要怎麼做最簡單呢？」

我說：「持續打從心裡『肯定』對方，內心的不信任感就會逐步化解。」

林小姐又問：「她和我前世因故否定了對方，製造出難以挽回的裂痕與誤解，所以今生我就得從心底肯定對方，由這裡著手嗎？」

我點點頭對她說：「非常好！就是這樣。」

林小姐說：「好的！今天聽了您的提點後，我感受到自己內心確實在乎媽媽，只是一直刻意隱藏、壓抑著。那股不服輸、想要跟她硬碰硬的念頭，反而讓我們兩個都很不愉快。」

我鼓勵她：「從前世來到今生，只要你願意打開心門，勇於承擔過去、活在當下，好好面對現在，就能創造出新的幸福。」

林小姐堅定地對我說：「好，我願意去做！」

在不斷練習之下，過了一年半，林小姐順利與母親和解，會一同出遊或逛百貨公司，也常約在咖啡店談天、聊心事，在旁人看來，兩人就像一對無話不談的好姊妹。林小姐更發覺，自己內心其實深愛著母親，也才發現，原來過往交惡的壞關係，只是反映出前世糾結的劇情，那些衝突的情緒及言行，只是爲了要對方「低頭」而產生的。現在的她，除了和母親感情變好，生活與人際關係也有了轉變，增加許多知心好友。一切，似乎回到了前世尚未發生誤解前的生活，甚至比過去更加開心和樂。

「緣」滿小叮嚀：學習用愛接納經歷的一切

失落、絕望會製造出「不信任感」，任何關係都禁不起這份「不信任」的長期摧殘，最終只能以決裂收場。倘若對親情、愛情、友情皆喪失信任，生命也會因此失去存在的意義與價值。**該追究責任的對象其實不是他人，而是我們自己，在事件發生的當時帶著負向的「情緒」和「預期」，下了錯誤的解讀與注解**，進而造就覆水難收、心存埋怨的結果。但在所有充斥著不信任的關係之中，最奧妙的地方在於：裡面必定存在著深不見底的「愛」，只是被主觀的認知及誤解掩藏了。未來或來生，那份沉睡的愛勢必會被喚醒與逆轉，但如果你願意，今生就能開啓這扇轉變之門，毋須等到來生再完成。

跨越重重時空，有緣再次相遇，延續過去的溫暖，珍惜彼此已經擁有的幸福，是多麼甜蜜又難得的美事。生命之所以會有壞關係存在，其中必定有著尚未面對、解除的誤解，當你拉高視野俯瞰，重新帶著「愛」去感受、看待每個當下，並打從心底重啓一份「信任」和「接納」時，便會明白：「世上不會有人與你對立，只有前來幫襯、點綴你生命的人。」而一切的發生與蛻變，都只是靈魂與靈魂間激盪出的美麗撞擊。

從久遠的前世來到今生，我的初衷依舊沒有改變，懷抱著一顆有「愛」的心繼續等待，只為完成前世與你們的約定。今生若能再次相聚，就是為了讓你我一起走入充滿「愛」的旅程，學習用愛接納經歷、遭遇的一切，淬鍊出最耀眼的自己，讓生命綻放出最絢麗的花朵。而我，正在為你喝采！

第二章

緣分為何來到我們生命中？

緣分，如同時空與時空之間的連結

緣分，猶如輕風，難以形容，時而像感覺，又似是注定。它的存在，卻深深影響你一生的際遇，帶著你走入更加豐盛的生命。

人生之所以令人著迷，在於生命中存在許多無常與遺憾，讓人有無限的想像空間，卻又無法輕易獲得。而緣分，更在生命中扮演了舉足輕重的關鍵角色，似乎在緣分的造化下，未知的一切注定會發生，原有的隔閡也瞬間拉近，變得零距離。以感情爲例，就算雙方年齡差距大、家庭背景及身分地位懸殊，或是國籍不同，在緣分的牽引下，不論有多少難關，一場轟轟烈烈的戀情依舊會順勢展開。在職場上也不例外，即使年資尚淺、表現平庸，也可能會突然獲得上司厚愛，被特別拔擢。至於家庭方面，即使是同一個母親生育撫養的孩子，也總有人會特別受到關注、寵愛。緣分的安排，讓世間頓時失去理性與秩序，原本意想不到的事，往往在一夕之間竟都成了可能。

今生緣分的發生，仰賴前世彼此的相識經歷。我們可將時間軸距拉近來看，例如今天你在某個地方巧遇國小同學，兩人可能會在驚喜招呼聲中寒暄，但倘若你們在國小時期不曾是同學，即使相遇了，也難有如此的互動，甚至會將對方視爲陌生人。由此可知，這是前因和後果的連動：首先因爲具備了小時候的關係，長大巧遇後才能自然產生互動。前世今生亦是如此，差別在於前世的記憶被壓縮在自己的「靈識」，也就是集體潛意識裡，沒有被現在的你洞悉或察覺到，但在無形中，你的抉擇和判斷仍受靈識左右。有如學校的畢業作品展，你和兩位同學一組，最後呈現的是三人一起創作的成果。過程中其他兩人的意見就像靈識的角色，能在無形中干預你如何去執行、完成作品。靈識，就是與你相同但頻率卻不同的自己。

不分宗教、種族，任何人皆有靈識，當中蘊含累世的時空體驗、記憶、慣性等紀錄。在現有的環境背景中，倘若遇到與靈識相對應的人事物，自然會形成一股「感覺」，促發某種緣分，驅使你向前靠近，引領你往某個方向走去，且凌駕理性之上，也可以說是莫名任性的你。因此，我們常聽到某對情侶突然分手，女方痛不欲生祈求復合，不論朋友如何勸說男方人品差、不務正業，分手是好事，何必留戀，女方依舊失心瘋地嚮往破鏡重圓。雖然看似失去理智跟判斷，但這個過程其實是由靈識主導，事情發生的背後更有它的安排，爲的是**經由「變化和傷痛」，提醒你該是「遇境轉化」的時候了**——如何走出傷痛，如何正向解讀，如何看見內心的癥結，直到塑造出新的態度、做出不一樣的抉擇。今生所有的際遇，都離不開靈識預先架構好的生命劇本。相遇的「緣」亦是一種注定，讓你從中獲得啓發，並著手從這注定中創造出圓滿的「分」。

接納理解，讓人更懂得緣分的可貴

賴先生是留學美國的物理學博士，任職於某大企業。他從好友口中得知我曾接受國際媒體的專訪，心存納悶：道家、禪坐的議題如何能登大雅之堂，甚至讓媒體如此重視？因此，他準備好「緣分」這個話題，想要由此切入請教。

一見到我，賴先生便開門見山地說：「紫嚴導師，我在美國學物理，但不相信緣分。可否請您爲我解答，緣分是什麼？或者，這只是女人拿來自我安慰的一種說法？」

我反問：「賴博士，我學醫學，但確實看到了緣分的存在。請問你當時爲何執意娶你太太？當年你母親極力反對，你還是不顧母親的意見，甚至鬧家庭革命，任性地在美國完成婚禮，先斬後奏。你太太只有台灣的私立大學學歷，論才華、論長相或學歷，你該娶的是你母親一直鍾意的陳小姐。」

賴先生略帶語塞地說：「我和我太太當時情投意合、無話不談，甚至能徹夜閒聊。而陳小姐雖然家世顯赫，我卻難有愛慕之情。人生僅有一次，我相信自己的選擇，才會採取先結婚後稟告家母的方式。但是，這跟緣分有什麼關係？」

我又問：「你攻讀博士選擇指導教授時，不到十分鐘就毫不猶豫地決定，這又是怎麼辦到的？」

賴先生頓了頓，說：「嗯……就很自然地莫名信任這位教授，之後我們的相處也很愉快，亦師亦友。」

我繼續提問：「那，是什麼力量讓你決定人生中的這兩件事？是理智判斷嗎？」

「嗯……是一種說不出的感受，不是理智判斷。」賴先生態度軟化地回答。

我說：「**緣分，是無聲無息地到來，它在你下判斷之前早就先有了『定見』**，引導你做出抉擇。像你今天前來，本以爲能說服我『緣分』屬婦人之見，卻不明白自己也身處緣分的範疇內。倘若我再問下去，你有非常多例子可以印證這一點。」

賴先生不死心地繼續追問：「好，第一點我信服了。但是我認爲，緣分掌握在自己手裡，並且可以隨時創造，這是我的看法，您說呢？」

我堅定地答道：「一半對，一半錯。你還記得你剛回國時，頂著美國物理博士的光環，堅信憑藉自己的努力，一定可以謀到台灣公立大學的教職。但是，你積極投遞履歷，還多次拜訪議員，請求代爲關說，最後仍然擠不進任何一所學校，連一張聘書都沒收到，才轉往業界發展。請問，你掌握住緣分了嗎？」

聽完我的話，賴先生頓時一言不發，沉默了下來。

我繼續說：「**前世種下緣和分，今生有緣有分，才能得到意想中的結果**。不過，有緣分卻不珍惜，當『分』用盡時，『緣』也會跟著變異，出現歧路。換句話說，即使有緣薄分，但如果今生努力用心地經營『分』，緣也會跟著加深。」

賴先生依舊有些倔強地問：「您說到前世，我現在又無從得知，有什麼證據能佐證前世的存在？」

我帶著些許嚴肅的語氣說道：「倘若不是因爲我們前世有緣，我還沒坐下之前，就會請你離開。」

賴先生見狀，緊張地說：「我毫無冒犯之意。可能我們研究科學的人總喜歡追根究柢，還請見諒！」

我說：「人會依照前世的習慣投胎，所以今生所遇、所得皆是前世而來，甚至不須探討前世，端看今生的習慣就可得知一二。像你太太前世家境困苦，難以求得一雙好鞋，某一天她在城外拾獲一雙不合腳的繡花鞋，便細心收藏，不時拿出來欣賞把玩。臨終前，她內心的兩個遺憾便成爲來世的願望：一是期待來生有好鞋穿，二是期待能大啖美食。今生她不愛名牌服裝、不貪圖豪宅名邸，只鍾愛名鞋佳餚，因此家中至少收藏了百雙以上的名貴鞋款，而到了週末，她總希望你可以帶著她嘗遍各地的美食、甜點。」

賴先生訝異地答道：「是！是！她眞的只愛鞋，爲了這件事，我們以前時常爭執，但她依舊無法控制對鞋子的偏愛，爲了她的收藏，已經占用掉一整個房間作爲置鞋間。而且，她也眞的非常熱愛美食，不論發再大的脾氣，只要送她一雙鞋或讓她品嘗一道美食，就能使她完全氣消。您解開了我一直以來的疑惑，原來，一切都其來有自。」

我說：「你能理解就好。如果你繼續爲此和她爭執，只會讓她加倍沉迷於名鞋和美食，難以從今生的際遇中有所轉變。」

賴先生說：「是啊！以前年輕時，我經常喝斥她，她所有的鞋都夠穿一輩子了，爲什麼還要添購？不吵還好，吵完之後過一陣子，等她的壓抑期過了，反而買得更嚴重。」

我告訴他：「前世留到今生的癥結，不能讓它變本加厲或過度壓抑控制，否則只會愈陷愈深，無法自拔。如同有酗酒習慣的人，家屬愈是希望當事人戒酒，愈會適得其反。」

賴先生疑惑地問：「爲什麼？」

我答道：「人，看似有自主意識可以主導生命，但其實深受前世的慣性影響。見到前世無法獲得滿足的事物或受到慣性作用時，當事人會把前世時空和現在時空的感受串連在一起，也可以說是活在未滿足的情緒裡，此時無法以理智說服或抑制。這就是俗稱的『今生課題』，亦即讓某種行爲反覆發生，以從中警覺、體悟，進而逐漸昇華心智。」

賴先生說：「前世今生眞是一門值得學習的理論。今日前來，我著實獲益良多，感謝您的指點，是我太自負了，眞是非常失禮！」

三個月後，賴先生發了封電子郵件給我，裡頭寫道：「紫嚴導師，和您會面請益後，我認眞研究您說的話。您提到的前世今生觀念讓我感到歡喜，自此愈來愈懂得珍惜身旁的事物，因這一切都得來不易，要累積多少世才能在今生擁有。我也因此進一步學習看待每個機緣背後的意義，每一件事情的發生，無非是創造未來的自己。由衷感謝您這盞明燈，令我的生命有了新面貌。」

「緣」滿小叮嚀：在類似的挫折中撞擊出新體認

緣分的發生，就像現在時空與前世時空相互連結，一種熟悉的感受再次被觸動而開啓，重新讀寫、抉擇你即將賦予的「新」定義。過程中有失去、有獲得，同時會讓你對外界事物產生某種特定認知，而我們會帶著這份「認知」生活下去，當類似或相同的挫折再次來臨時，才有機會重新檢視，甚至質疑自己先前的認知，進而有所體悟和修正，撞擊出「嶄新」的體認，直到萌生更圓滿的人生智慧。而這些經歷，也會讓我們邀請更多人來到生命裡，共同譜寫出更美好的人生劇情，開啓更充滿喜悅的人生章節。

緣分發生後，生命從此不同

緣分，是老天預先爲你開啓的一扇門，不僅要讓你探索未知的世界，更要引領你走進安排裡，蛻變出更有勇氣的自己。

長相成熟、擁有精緻瓜子臉且氣質出眾的姿穎，在高科技產業擔任高階女主管，但年過四十仍然未婚。單身又渴望婚姻生活的她前來請教我，期待能擁有美好的感情關係。

姿穎問道：「導師，爲什麼我的朋友一個接一個結婚，剩我一個人遲遲等不到適合對象，是因爲我今生沒這個緣分嗎？」

我毫不猶豫地回答：「有緣分！」

「但我都沒遇到，怎麼會有緣分？」姿穎帶著疑惑，無奈地問道。

我說：「你的緣分雖然不是你同事，但常會在上上下下的地方相遇，只是你不自知。」

姿穎聽完，露出更疑惑的神情對我說：「導師，我不坐雲霄飛車或大怒神，也不在遊樂園上班，怎麼會在上上下下的地方遇到？那麼，跟我有緣分的他為何不主動來找我？」

我答道：「雖然你看起來非常想結婚，渴望有人陪伴過日子，但你內心深處其實並不急著結婚，甚至無意識地在拖延時間。即使遇到對的人，你也難以動心。」

姿穎搖搖頭說：「雖然我百分之百相信您，但這一點我必須否認，因為我從裡到外都極度想要結婚！說來不怕您笑，婚友社我去過不下三十次，見過的男人至少近百人，但就是沒有對的人。」

我笑著說：「你是高階主管，凡事懂得積極主動，為自己做好準備，對婚姻也不例外，這一點我相信。但是，你骨子裡對『結婚』這兩個字，確實無動於衷。」

姿穎再次加強語氣說道：「我非常想結婚、非常想結婚、非常想結婚——因為很重要，所以說三次。」

我反問她：「你沒有察覺自己對男人難以產生『好感』嗎？這麼多年來，你曾經喜歡過誰？」

姿穎遲疑了一陣子，想了想，然後有些驚訝地說：「這……好像有一點。眞的不曾有讓我心動、喜歡的男人，但我還是要聲明，我確實很想結婚。」

我對她說：「前世的你，結完婚不久丈夫就在隔年不幸逝世，對你來說，這是內心第一道陰影。而今生你的父母在你小時候就爭執不斷，就讀國中時，雙方無預警分居，並協議離婚，造成你的第二道陰影。說到結婚，你雖然會有期待，內心深處卻隱隱有著莫名的焦慮和矛盾，期待擁有另一半，卻又恐懼會跟父母有相同的遭遇，導致下一代難有健全的家庭。你不自覺地被這股力量拖延，直到屆臨快無法生育的年齡，你才意識到事情的嚴重性。你不由自主地抑制對愛的『感受』，阻礙了已經來臨的緣分。」

姿穎訝異地問：「這樣也會有關係？那我該怎麼辦？」

我答道：「隱藏在內心許久的病灶，不代表不存在，嚴重的話，甚至會影響你未來的抉擇。首先，用開放的心聽我說，並完全接受我給你的建議：第一，今生你的另一半不會早逝，前世經驗不代表今生會重演，放一百個心；第二，父母離婚是緣分使然，是彼此無法珍惜所致，這一層互動關係是老天轉贈給你的禮物，讓你學會珍惜未來的姻緣，而非焦慮、恐懼自己也會有同樣的遭遇。你今生的丈夫性格沉穩，思想成熟內斂，離婚這件事亦不會發生在你身上。快回去打理好自己，準備好一顆接受的心，不用理會可能在什麼地方認識，把『愛』和『感受』拿出來，我一定會在無形中幫助你。」

姿穎沉默了一陣子，語調和緩地說：「導師，我現在有一種很特別的感受。跟您談完，我好像放下了千斤重擔，整個人輕鬆好多。爲了幸福，回去我一定做到！」

與我談完後過了半年，姿穎命中注定的姻緣順利來敲門。對方是在同一棟大樓上班、但不同公司的主管。某次，她因趕搭電梯，還來不及擠進去就被電梯門夾住穿高跟鞋的左小腿，一位男士見狀，反射般地貼心接起她手上熱騰騰的咖啡。雖然姿穎沒有受傷，那位男士卻一路陪伴她到辦公室。因爲有這一段際遇，兩人逐漸譜出甜蜜的戀情，並在當年年底完成終身大事。雖然沒有生育子女，但夫妻倆情感深厚，令旁人稱羨不已。

「緣」滿小叮嚀：別讓心中的癥結影響你對未來的選擇

成長過程裡，還不懂得照顧自己內心的我們，容易用「誤解」或「壓抑」去解讀生命場景。那些場景也許來自我們和父母、手足、同儕的相處，因自己有限的判斷、認知，而造成心中的「癥結」。那份過不去、解不開的負面壓力不會隨時間消逝，反而會繼續在內心深處蔓延，伺機而動，影響著你對未來的反應和選擇。

所以，請把對外的焦點拉回自己心裡，為混亂的心添加「愛」和「接納」這兩項元素，心靈自然會變得通透自在，情緒或壓抑也隨之降低。你會發現，一樣的場景卻有不一樣的感受，此時，我們心中已有足夠的空間和力量接受他人。

不完美，反而引領你前往幸福的下一站

今生相愛，是要完成前世留下、未愛完的遺憾，學習走入彼此生命裡加倍珍惜。倘若緣盡無法繼續，更該大步向前邁進，前往幸福的下一站。

虛弱的潘小姐由母親陪同前來，步伐沉重，手上纏繞著紗布，手腕上還戴著醫院的急診資料牌。她緩慢地移動身軀，才能勉強在我面前的位子上坐正。

四個月前，潘小姐的男友精心安排在公開場所求婚，感動許多在場或路過的民眾。眼看就要準備安排雙方家長見面提親，潘小姐卻發現男友竟私下和前女友去台東度假一星期。消息一出，驚動了雙方家庭。隨著指責聲浪及親戚間的流言蜚語出現，潘小姐終於忍痛割捨這段長跑十一年的感情，不得已恢復單身。心有不甘又無法調適的她，選擇用虐待自己的方式宣洩情緒、自暴自棄，無法面對接下來的生活。

傷痛是為了蛻變出全新的自己

好不容易坐定後，潘小姐心灰意冷地問：「導師，我男友真的愛過我嗎？」

我說：「他真的愛過，也真的不愛過。情感緣分能有多久，就如同一條牙膏，不高興擠多了，使用次數就會減少；若懂得珍惜，反而能延長使用時間。」

潘小姐氣憤不平地說：「這樣還是會有用完的一天。早知如此，乾脆十幾年前就選擇跟別人在一起。我當時真的瞎了眼。」

我沒有正面回應，只說：「某個部落多年來對外往來的連繫，只靠一座橋。一次颱風過後，老舊的橋體不敵洪水侵襲，應聲崩塌。一位女孩蹲坐在橋邊哭泣，嚷嚷說：『早知道就別蓋這座橋了！』」

潘小姐不解地問：「這是什麼道理?!這座橋至少伴隨居民多年，如果沒有橋梁，與外界的連繫不就中斷了嗎？」

我說：「對！你的前男友也深愛過你，多年來，你們擁有共同的歡笑、回憶、美好。攜手度過這麼多年，如果沒有他，你的情感是完全空白，許多國內外景點，你這輩子也不可能會獨自前往。他給過你甜蜜的回憶。」

聽完我的話，潘小姐忍不住哭著說：「這麼說來，我該感謝他求完婚後劈腿嗎？」

我答道：「他在求婚後，確實想負起責任娶你，但也因此讓他再也沒有快樂過，心中隱藏著莫大的焦慮，憂心婚後依舊要忍受你直接爽朗的性格，在朋友面前不會爲他保留面子、過度任性，一不高興就把情緒往他身上丟。長時間的壓抑和不被認同的感受，逼得他喘不過氣，因而想在婚前偷偷找前女友敘舊，逃避未來即將面臨的無奈。」

潘小姐又問：「既然我讓他這麼痛苦，那他爲什麼要求婚？」

我說：「男人和女人交往許久之後，會逐漸感受到對方善良體貼及照料他人的一面，也需要跟這樣的女人共度一生，因而決定安排自己走入婚姻。但是，他們往往在求婚後，才意識到自己即將跟眼前這個女人過一輩子，然後開始預想未來的生活模式，心裡的負面憂慮也會在這時浮現，更容易陷入『一輩子要跟脾氣不好、情緒差的人相處』的擔憂情結裡。當愛的力量抵不過信任危機時，任何人都會緊張或後悔，並在惡性循環下形成更嚴重的恐慌。」

潘小姐有些不情願地說：「我是脾氣不好、任性、暴躁，但我還是無法接受他求婚後又劈腿。」

我回答她：「如果事件發生在婚後，情況可能更糟。一旦進入現實婚姻生活，男人積壓許久的情緒更容易爆發，也可能陷入爭執不斷或外遇的窘境。」

潘小姐痛哭問道：「那我該怎麼辦？」

我安撫她說：「會痛，是因爲不如自己所願。老天要給你的禮物，就在痛苦的背後，等待你發掘隱藏其中的祕密，你發現了嗎？」

潘小姐答道：「就脾氣差、任性、不給男人面子、暴躁啊！如果沒有這些，他根本不會離開。」

我點點頭說：「很有慧根！」

潘小姐又問：「這麼說來，代價會不會太大？要失去一段這麼久的戀情，才學得到這些？」

我回答：「**人，經常要遇到重大挫折才有可能意識到問題，進而改變自己**。除非在他還未劈腿前，你已經警覺到自己的情緒問題，並早一步調整、改變，否則分手就是注定的事。」

潘小姐再問：「所以，沒有發生之前都是可以改變的？我怎麼這麼傻！」

此時，潘小姐的母親在一旁插話：「我有跟你說女人不要脾氣這麼差，多給男人留點面子，女人才會好命。」

潘小姐轉頭對母親說：「你對爸爸也都這樣啊，我看爸爸也沒有怎麼樣。」

我說：「不！你母親說話，你父親根本不會聽，連理都不理。他只是守住婚姻的空殼，讓自己在家族中保有基本的面子，才不至於被看不起。」

潘小姐反問：「這樣就不是愛啊！繼續生活下去不就很痛苦？」

我答道：「所以，轉變往往發生在『會痛』的開始。如果不希望『世襲』父母的婚姻狀態，就要從現在開始轉變。」

潘小姐無力地說：「導師，改脾氣很難。」

我告訴她：「你已經承受了痛苦，只要停止自認爲是『被害者』，不躲在難過受傷的情境中，編撰被劈腿的悲情幻想，而是認眞看待每一次痛苦來臨時的感受，你很容易就會發現，那股力量會帶出你『很可憐』『被拋棄』『就是不夠好』等等的劇情。如果只把焦點單純放在痛苦上，不隨那股『能量』起舞去加油添醋，不用多久，你自然會輕鬆下來，而這份被轉化的力量，會讓你自然而然改變原來的脾氣，毋須費盡力氣去扭轉，或者勉強自己正面思考。重點在於，你能否看到眞正讓你痛苦的根源，認清自己曾長期對男友施加言語或情緒暴力，才鑄下今天的局面。**痛苦是為了讓你蛻變出全新的自己，而非毀滅你**。況且，你一年後就會遇到下一段美好的感情，再不面對，就會再錯失一次機會。」

聽到我的話，潘小姐睜大眼睛說：「好！我會練習，就連母親也一起練習！問題是，爲什麼另一個人要一年後才出現？不能現在就出現嗎？」

我說：「你到目前爲止都還沒認眞正視過自己的問題，倘若緣分提前出現，得到另一段感情寄託，讓現在那份痛苦消失，你的心就更不可能被轉化，只會把遺留下來的情緒再帶給下一個對象。或者，你想要下一位也這樣拋棄你？」

潘小姐急忙說：「不用！不用！一年後再出現就好了。」

兩年半後，潘小姐帶著即將步入禮堂的新男友前來。我從他們的互動中看見潘小姐有了莫大的變化，欣慰地告訴她：「幸福將永遠屬於你。」一個懂得從痛苦中學習的人，猶如一位蛋糕師傅從一次次的試作挫敗中學習、體悟，不斷突破、勇往直前，就能收穫甜蜜的果實。

「緣」滿小叮嚀：解除愛情的病毒程式

前世約定的緣分，讓你和心愛的人能在同一個時空相遇，並在時間的催化下，從陌生人變成朋友、情人或夫妻，繼續前世未完成的情感與承諾。老天給了你最甜蜜的「開始」，但在相處過程中，倘若無法意識到自身的問題，一味認定：「深愛我的人，無論我怎麼對待他，對方都應該永遠義無反顧地完全接納我。」這種觀念勢必導致你在未來嘗到分手或離婚的苦果，也會讓你成為渾渾噩噩、糊裡糊塗的「愛情流浪族」，無法理解另一半長期處於壓抑之中，或深藏著許多無奈的情緒。

所有夫妻或情人，皆是從陌生人開始，這也意味著雙方有可能回歸原本陌生人的狀態。一切的造化，取決於我們是否真正「用心」去對待。然而，在兩性關係裡，如何能從「爭執」過程警覺到雙方關係中存在的「緊繃」感，攸關一段愛情的健康指數。當緊繃成為家常便飯，未來必然造成分離。緊繃的關係就像持續緊握著拳頭不放，過了一段時間，隨之而來的是痠痛、發麻，甚至會產生一股厭煩感，讓人忍不住想要鬆手放開。將這個道理套用在關係上，在不斷對立衝突、僵持著誰要先低頭認輸的緊張拉扯裡，原本美好的情感只會活生生被撕裂、崩壞，「逃離」便成了最後不得已的決定。由此可知，如果愛情的氛圍是「輕鬆」的，心裡的負擔減輕了，雙方的互動就會變得更加和諧，也能讓存在彼此心中的「愛」自然流露、彰顯出來，進而使得兩人的關係愈加親近甜蜜。

循著上一代相處的軌跡，我們很容易在自己身上觀察、發現到，我們對待另一半的方式，其實跟我們的父母有許多雷同之處。原來，我們在不知不覺中「複製」了上一代的感情互動模式。忽視、冷漠、壓抑、威嚇、用犀利言詞刺激對方、刀子嘴豆腐心，這些小時候家中經常上演、習以為常的劇情，如今竟然複製到自己現在的感情關係中，讓誤解持續下去，另一方面卻又奢望對方能理解我們這些行為背後真正的「用心」，忽略了愛情其實最忌諱用迂迴的方式表達。因此，當你可以意識到這個層面之後，必須打從內心「接受」那些曾經發生在你眼前的兩性相處模式，這份複製的力量才能逐漸被釋放，解除心裡根深柢固的病毒程式碼，重啓自在的良性新關係。

面對上一段已經結束的關係，你是否仍耿耿於懷，認為結果並不完美？其實，那不是最後的結果，只是人生中的一段小插曲。當你跨越、走過這個顛簸起伏的路段，吸收、領受這次的經驗並觸發蛻變之後，這一切將引領你朝更幸福的下一站駛去。最終你會發現，**「挫折」來到生命中並不是為了破壞，而是要成就我們未來更多的圓滿。**

第三章

遇見美好的愛情，成就轉身的幸福

「主動」，帶來滋潤空蕩心靈的幸福

輪迴了八百年，讓我再次遇見你。你答應過，今生願意走入有愛的旅程，轉身發現屬於你的幸福。

十年修得同船渡，百年修得共枕眠。在前世輪迴中，多少次微笑，換來你一次頷首？又是多少世的機緣匯聚，換得你此世的一生守候？今生與任何人的相遇，必定是久別後的重逢，如同樣貌多元綺麗的鐘乳石洞般，長年累月歷經水、二氧化碳的作用，以及碳酸鈣沉澱、點滴凝結，形成了壯觀宏偉的景象。這得來不易的緣分，值得細細用心品味，並透過更深層面的探索和理解，讓你重拾對生命的熱情，也愈來愈懂得珍惜當下。

也許你正納悶：「爲何自己這麼不情願和現在的伴侶繼續維繫關係？」「無

奈」兩個字，壓得你喘不過氣；或者，也許你早已對他感到厭倦，希望來世別再相遇。我們不妨放輕鬆看待積壓在內心許久的鬱悶、無力等負面情緒。「谷神心法」中提到：**「發生在生命中帶有『重複性』的事件，背後，必然隱藏著『覺悟』的契機而來。」**由此可知，經由前世來到今生，和某人「再次」見面的緣分，其實是彼此之間立下的約定。有鑑於此，我們更應該穿透自己主觀的情緒與認知，眞實感受每個生命現場帶來的啓發。對於厭惡的人事物，事實上，你內心一定對它們有著莫大的同情，卻又因爲恐懼抵銷、掩蓋了這份同情，並藉由反對、抗拒等方式武裝保護自己。

靈識投胎、重遊人間體驗，無非是帶著「愛」再度前來。現在，就跟著我的步伐，繼續走入更開闊的幸福視野，探索自己內心深處充滿愛的美麗花園。

談到「幸福」，有些人認爲這只是一個抽象概念，也有人覺得每天都過得開心愉快就是一種幸福。舉例來說，一畝田地在尚未播種之前，要先開溝渠引水灌溉滋養，使土地富含水分，才能確保未來秧苗能夠順利生長。而田地恰似我們的內心，水分和氣候則猶如幸福，是我們的人生能否豐收的關鍵。倘若你在每一段關係中都願意用「愛」加以滋養，並給予包容、接納及相互分享等正向力量，便等同灌溉了乾枯的心田，而獲得充足滋潤與養分的土壤，也將回饋你更加豐盛的作物。在擁抱這豐碩的收成時，心中的喜悅會再次引領你走向更踏實心安的人生，如同盛開的向日葵昂然挺立，沐浴在陽光下，綻放生命的活力之美。

一眨眼，我們從牙牙學語的孩童長大成人來到二十歲；再一眨眼，邁入了逐漸成熟的三十而立、四十不惑之年；而後，更在轉眼間驚覺，看似漫長的一生竟即將走到盡頭。許多人從小努力求學，出社會後則賣力工作實現自我價值，驀然回首才赫然發現，自己過去對成功的「定義」與「認知」，反倒出賣了自己！在埋首工作、追求事業晉升與物質滿足的同時，卻忽略了最重要的「人情關係」，甚至連美好的愛情關係也一起典當掉了。當職場生涯告一段落，老闆感謝你對公司的付出、讓你光榮退休時，豐厚的退休金卻無法補償你失去的一位好伴侶，對接下來的人生感到惶恐的不是沒有錢，而是與生活已久的枕邊人沒有了繼續一起走下去的「動力」與「意義」。而正值青春花樣年華、對愛情懷抱嚮往與憧憬的你，或是已屆適婚年齡、渴望遇見真愛、對方卻遲遲未出現的你，倘若不了解「愛」的眞義，終究，還是難以尋覓到適合且心靈相契的終身伴侶。

五十歲，是人生一個重要的分歧點，深深影響我們下半生的品質。有些人可能依舊未婚或已離婚，也可能婚姻不美滿，與另一半過著名存實亡、平淡乏味的日子。無論你是男是女、現在處於哪個年齡階段，都需要和我一同走入湘君的眞實人生，那一個接一個發生的事件及場景，可能就是你過去曾經歷、現在正在進行，抑或未來即將面臨的遭遇。請用「心」參與她的生命歷程，並細細感受、體會，然後靜下來，往內心探尋：你眞正需要的、想要追尋的幸福，究竟是什麼？

單身自由愜意，內心卻有莫名的空虛

湘君是一位剛過五十二歲的熟女，由於和親人之間關係淡薄，而添購了一戶小豪宅獨自居住。年輕時十分勤奮工作的她，不到四十五歲便存夠了一筆養老金，較一般人提前進入退休生活，並飼養兩隻毛小孩作伴。平常的日子就是早起運動，下午逛街、看書，晚間則做做手工皀，或以烘焙等興趣打發時間。然而，看似羨煞旁人的悠閒生活，卻逐漸讓她對人生產生困惑，也開始有了晚睡的習慣。每到深夜，她的內心總會浮現一股深深的孤獨感，且不斷向外蔓延，日復一日……

一段時間過後，她開始正視這個問題，並詢問自己：雖然單身未婚，卻絲毫不曾出現想要擁有伴侶的渴望和衝動，大部分的情感都寄託在毛小孩身上，日子也過得悠哉充實，爲什麼還是會覺得空虛孤單？心頭持續難解的煩悶，讓她興起了找我請益的念頭。

一見到我，湘君迫不及待地問道：「導師，我覺得我的人生沒有目標和活力，每天就是睡醒、吃飽，等著變老的感覺好差。我還有什麼樣的人生使命等著我去完成呢？」

我說：「沒有活力，源自對世間、對與他人的情感關係缺乏能量及流動。你憂心人情世故會爲你帶來麻煩，也深怕被傷害，於是讓心加上了層層枷鎖以保護自己，想對誰付出但找不到對象，想分享卻又覺得無力，不知該從哪裡做起。而幸福，就是你接下來最需要完成的人生體驗。」

湘君答道：「可是我有對毛小孩付出，平常也有在進修和充實自己啊。」

我對她說：「這些事物，不足以讓你獲得眞正的幸福感。和寵物相處、培養興趣只滿足了你的左右腦，也可以說是完成了淺層的價值，卻無法滿足內在靈性所需的成長。當體驗過的淺層價值無法與更深層的靈性連結，伴隨而來的不會是滿足感，反而是煩膩、無趣、枯燥的感覺。腦袋和靈性之間的失衡，製造了你內心的『不安感』和『空虛感』，逐步促使你探究問題的根本。」

湘君又問：「那麼，我根本的問題到底是什麼？」

我答道：「未完成的機會與課題，正等待你去經歷。**任何人在前世的緣分，都會在今生轉為另一段『人情關係』，目的是要你帶著『愛』重新去學習與互動**。過往的你逃避許多關於人情的課題，也因此阻礙了你心中眞正渴望擁有的喜悅和幸福。所以接下來，你會遇到一位伴侶，雖然我很明白你不想要也不需要，甚至認爲照顧男人是一種負擔，但是，唯有從『情感關係』切入，並在過程中體驗與磨合，才能重啓你對生命的活力和幸福感。」

湘君不解地問：「導師，女人的幸福爲什麼要靠男人給予？自己一個人過日子也很好啊！沒有束縛，想去哪兒就去哪兒。」

我說：「問題不在男人，而是要從你逃避已久的情感關係中，解決你長久以來存在的『人情關係』課題。」

湘君嘆了口氣：「我眞的很不願意去照顧男人，而且有太多男人讓我們女人失望了。他們自私、思想狹隘又自大，總認爲女人生來就是要服侍他們。」

我問她：「你有沒有看過一則廣告？一個台灣人拿著透明杯子，裡面裝了金黃色的飲料，外國人看了便問他這是什麼，接著，那個台灣人就用台語對他說：『你喝喝看嘛！』」

一聽我這麼說，湘君急了，趕忙搖頭道：「我不要！我今天只想請您指引我找回人生動力，不是要您塞個愛情功課給我！」

我提醒她：「你內心深處藏著許多不被察覺的心願，而每一件，都是和人情關係有關。」

湘君面露無奈地說：「可是……我眞的沒有這種感覺，只是想活得有價值一點。」

我告訴她：「前世，你身邊有一位感情深厚的青梅竹馬，彼此互有情意但羞於表達，直到成年後他將舉家搬遷的前一晚，才終於鼓起勇氣向你告白。只是當時的你因爲膽怯害羞，不知如何回應，錯失了這段好姻緣。懷抱遺憾的兩人在心中留下一份期許，決定來生必定要共結連理，而不久的將來你們就會再相遇，接續這份前世未了的緣分。只可惜多年來，你用逃避的態度和觀念面對這荒廢已久的課題，但新的感情生活會讓你的生命出現一道美麗的彩虹。」

湘君依舊固執地說：「我不要！」

我笑著對她說：「放下你對感情的既定想法和觀念，一定會擁有幸福。」

與失聯同學意外重逢，愛苗自此萌芽滋長

八個月過去，某天，湘君帶著毛小孩在公園散步時，兩隻紅貴賓不知爲何無故突襲迎面而來的柴犬，導致柴犬受驚嚇、失控亂竄，也不聽男主人使喚。湘君見狀，趕緊喝斥自己的貴賓狗，並主動誠懇地向柴犬的主人致歉。兩人眼神交會時，竟意外覺得眼熟，對方更早一步認出湘君是畢業後從沒連繫過的大學同學，沒想到多年後兩

人竟在遛毛小孩時再度相遇。而在彼此寒暄、關心近況的過程中，三隻狗也和解融洽地一起嬉戲。因爲巧遇的驚喜，加上對狗狗之前失禮的行爲感到不好意思，湘君便主動邀請老同學共進晚餐。

幾乎忘了時間的流逝，直到當天晚上十點多，兩人依舊相談甚歡、毫無時間顧忌地閒話家常。此時，湘君問道：「你這麼晚才回去，太太會不會介意？」

老同學說：「內人幾年前因爲癌症過世，我沒有再娶，所以沒有人可以報備。你呢？會不會有太晚回去另一半不高興的問題？」

湘君故作輕鬆又有點不好意思地說：「我一個人和兩隻毛小孩同住，應該不用跟牠們報備吧？」兩人便在歡笑聲中繼續談天說地，直到深夜十二點多、留下彼此的連繫方式後，才各自返家。

對湘君而言，難得遇到聊得這麼愉快的異性，讓她覺得高興又帶點擔憂；期待再見，又害怕對方只是一時客套隨意聊聊，一切都是自己想太多……

這次見面後，眼看三個月就要過去，男方卻不曾主動打過任何電話或傳簡訊問候連絡，讓湘君的期望落空，心情也變得低落。鬱悶和無力感讓她對原本喜歡做的事失去興趣，不再烘焙或製作手工皂，只是經常手握電話癡癡等待，卻沒有足夠勇氣打電話給男方。

某天，她壓抑不了心裡的情緒，於是又忍不住來電預約時間請益，期待從我口中得到一個確切的答案，好讓她決心放下這段尚未萌芽卻已開始自我幻想、編織美夢的戀情。

湘君說：「導師，我遇到了喜歡的人，他姓胡，但我不知道他有沒有想要和我交往的意思。」

我問：「你不是說不需要伴侶，只想一個人嗎？」

湘君著急地說：「導師，我求您了，等待的過程很煎熬，眞的很難有一個男人讓我聊過一次天就有喜歡的感覺。現在我過得很痛苦，您之前不是說過我要修感情的學分嗎？」

我答道：「不論男人或女人，當緣分來臨時，自然會走入『學習』的大門，讓你不想要也難。一種莫名、無法控制的感覺和動力，會在冥冥中牽引著你們。」

湘君以祈求的眼神望著我說：「導師啊，求您別再賣關子了！」

我對她說：「你改變很多，不論服飾、妝髮都明顯不同了。人如果有戀愛的心情，想藏也藏不住。」

湘君點點頭說：「有，我終於體會到，有愛，眞的會不一樣！您只要說他喜不喜歡我就好了，拜託！」

我此時假裝不舒服，對她說：「我臨時肚子疼，沒辦法跟你多聊。記得！今天離開這裡之後六天內，一定要主動打給他，否則就沒有機會了。」說完之後，我隨即起身離開座位，返回休息室。

湘君愣住了，對著我的背影擔憂地說：「要我打給他，這樣不是很難爲情嗎？」

回去之後，湘君拖到第六天晚上，才勉爲其難按下電話號碼打給男方，也才因此得知對方因爲工作的關係，必須前往大陸出差，時間長達一年。這段期間，對方曾想主動連繫，但又害怕被她誤解、拒絕，因此遲遲沒有行動。如今，兩人在電話中聊開了，且一聊就超過三小時，還相約隔天一起到淡水玩。而誤會解除的兩人也在幾次愉快的約會後，很快成爲無話不談的知己。

當時我之所以提前離開座位，不和湘君繼續談下去，主要的原因是：倘若她得到了「對方對她也有好感」的答案，反而無法學習到「主動」才能創造機會的美好經驗。**空蕩孤單的心靈，通常是缺乏「圓融的人情關係」所致**。人的一生並不單純活在權力、金錢、興趣和玩樂等物質滿足之中，人生的「幸福感」，是由分享、探索生命而來。輕易放棄人情關係，失去和他人的互動交流，就像一部高規格筆電缺少了電源，難以發揮任何功能。所以，我們應該打開心門，伸出雙手，擁抱生命，給自己一次接納別人和更愛自己的機會。

「緣」滿小叮嚀：各種關係都可採取主動

人生中，無論是要建立愛情、親情或友情，我們都不應錯失任何「主動」的機會。也許你有一百個理由認為別人會先回絕你，或是擔心遭受無情的恥笑，但這些理由只是凸顯出你內心的「自我否定」，反映出自我懷疑，產生了主觀和客體現實不一致的認知。因此，不妨放寬心，大膽放手一試，即使採取主動後遭受拒絕，也先別急著自我否定，因為這個行動可能會讓你更加了解自己與對方，找出對彼此更有利的互動模式，甚至能因此拉近距離。除非你自我放棄，否則經由一次又一次的主動，絕對會在自己的生命裡創造出更多美好的故事情節。

主動，是掌握人生機會的開始。任何主動皆能「擴張」出生命的可能性，差別只在於最後故事版本是否符合你心底所預期的。就算結果不合乎期待，也不等於喪失機會，也許意想不到的發展，以及好的結果，反而會發生在你的失落與灰心之後。相較之下，被動只能讓人流於想像，這股封閉的能量只會反映出更多的疲乏和無力。所以，請學習將「主動」運用在各種關係與相處上，持續堅持，你會喜歡上「主動」的魅力，並讓源源不絕的幸福，灌溉你空蕩的心靈。

有愛，成就美好關係

天空揮毫了一場雨，我們才有機會遇見彩虹。任何出現在生命裡的緣分，都是發生在對的時間點，沒有偶然只有必然，促使你邂逅這最好的安排。

今生相遇，是「緣」所起的造化，但後續的「分」要如何維持，則更加重要，而「分」用現代的話來說，其實就是「關係」。人與人之間，如果沒有長時間累積經營下來的好關係，如果沒有用心珍惜延續，這個「分」也會因爲被漠視、磨損而消失殆盡，讓你在未來陷入「有緣無分」的窘境。

要如何形成及培養「好關係」？前提是必須先有「愛」作爲基礎。談到愛，你可能會聯想到初戀的悸動、一見鍾情的喜歡、不自覺想親近對方的衝動，或是和他在一起就很愉快等感覺，其實，這些都不能稱爲「愛」，只能勉強說是「好感」。一般人很容易將好感和愛畫上等號，或是有「對方讓我有好感，我才會想要給對方愛」的習慣，這些都反映出內心長久壓抑所造成的「被動等待」性格，讓生命失去創造的能力，產生「會來的就是會來，不會來的強求也沒有用」的錯誤認知。值得注意的是，**「主動」並非要你刻意強求，而是在調整好自己且用心去「接納」「付出」的過程中，自然而然出現的行動。**

當內心已經先具備了「愛」的能量，彼此之間的關係自然會步入軌道，並順勢發展、產生互動。如果凡事都先衡量利害關係或在乎個人尊嚴，才考慮是否去行動，這樣一來，你失去的必定比得到的更多。不如，讓我們先懂得接納，讓自己的今生走入更有「愛」的旅程。

給對愛，讓關係更進一步

湘君和胡先生成爲知己達半年之久，她卻難以啓齒向對方表達愛意。不敢表白、擔心被拒絕，迫使她不斷說服自己：男人如果眞的對一個人有愛，就應該會主動告白才是。湘君一方面焦慮著該用什麼身分繼續和對方互動，另一方面又擔憂心裡的這份喜歡、牽掛和無意識中對男方的過度關心，反而會造成對方的壓力。就這樣懷抱矛盾難受的心情過了一陣子，她終於鼓起勇氣，再次前來請益。

湘君直率地說：「導師，我不想只跟他當朋友，每次出去遊玩回來、他送我到家門口時，我總是會情不自禁地依依不捨。也許，我真的很需要男女朋友這層關係，可以教教我怎麼做嗎？」

我對她說：「如果你希望擁有更好的關係，彼此之間可以更進一步，心底就必須先有『愛』才行。」

湘君迅速地回應：「我有！而且心裡對他的愛，多到快滿出來了！」

我說：「你現在的狀態，只能稱爲『占有欲』，拚命想給對方全部的自己，在付出的同時，又期待對方能依照你想要的方式對待你。萬一進階到戀人關係，男人不見得能感受到你的愛，反而會有被制約、控制的無奈感，遲早會消磨掉這段好關係，倒退回原本的朋友之情。」

湘君停頓、思考了許久以後，問道：「愛一個人，不就是應該給他我的全部？」

我答道：「胡先生愛吃麥當勞，如果你請店長把店裡所有的漢堡、餐點都放在他眼前，再含情脈脈地看著他吃完，你覺得他會不會吃到撐，或是因爲太飽而想吐？他不會因此感受到壓力嗎？」

湘君有些心虛地說：「導師的意思我明白了，我可以慢慢地給……」

我又說：「這個『給』，裡面夾雜一種期待，希望得到你『想要』的回饋。每吃一個漢堡，他都必須回應，跟你說好吃，而且每次的回應還不能一樣。如果是你，會不會覺得痛苦？」

聽完這段話，湘君的態度軟化下來，說道：「拜託您告訴我應該怎麼做。」

我告訴她：「愛，應該從『接納』對方開始。先接納他的工作、生活作息、飲食、觀念等與你之間的差異，再從中『自然付出』你的關懷。如此一來，這份愛才是給得、拿捏得恰到好處，而不是強迫或干預對方配合你想要的劇本演出。」

湘君思索了很久，說：「眞的耶！如果他用導師說的這種模式對待我，我會感到很自然、很輕鬆。不過度打擾，也不冷淡漠視，這眞是一個很好的方法。」

我接著說：「愛，不是轟轟烈烈、火花四射的熱火快炒，那叫『激情』，不是眞正的愛。料理一道菜如果總是用魯莽的方式烹調，燃料容易用盡、冷卻或不小心燒焦，而以慢火精心熬燉的熱湯，品嘗起來反倒別有一番風味。」

結束這次會面之後，頗有智慧與悟性的湘君，運用我教她的「主動」和「給對愛」兩個方法，更和諧地融入胡先生的生活，兩個人的關係也有了進展。幾個月後，胡先生在朋友聚會中公開介紹湘君是他的女友，當時兩個人雖然都將屆五十六歲，但由於個性匹配、互動融洽自然，交往十個月便步入禮堂結爲連理，展開人生的另一段章節。

「緣」滿小叮嚀：在給予之前，先用愛接納對方

愛，是全然的接納，它發生在給予之前，令人陶醉又舒適，像是秋天迎面吹拂的輕風，涼爽清新又飄著淡雅的楓葉味，隨著呼吸沁入心中，令人久久難以忘懷。這種輕鬆、毫無負擔的感受，才能彰顯出真愛原有的特質，並在穩健成熟的互動過程中，讓彼此自然而然成為生命共同體，沉浸在充滿默契、心靈相通的氛圍裡。美好的「關係」，就是如此渾然天成地存在著。

一段美好的感情關係中若有「踏實感」，就毋須擔憂另一半是否會出軌；換句話說，一段會有外遇介入的關係裡，必定隨處可見對另一半的逼迫、威嚇、控制、要求、負向情緒、一廂情願的教育、必須負責等相處模式。沒有人禁得起長時間被要求或限制，當對方累了、疲乏了，逃避和離開是必然的選擇。所以，**先接納對方，讓愛存在於「給予、付出之前」**，絕對會帶來安定自然且幸福洋溢的兩性關係。

用對技巧宣洩情緒、接納對方，經營充滿喜悅的關係

「快樂」，來自追逐外在，「喜悅」則是由內而外散發出來的，比快樂更恆久不渝。

從前面的章節，我們知道「好關係」是維繫感情的不二法門，但在進入婚姻生活之後，面臨現實中的瑣碎雜事、生活習慣等兩性差異與相處上的磨擦，讓人頻頻失去耐性、產生情緒。而在日積月累、惡性循環之下，更容易在彼此之間造成裂痕，對原本憧憬的美好愛情感到幻滅，產生了負面想法，認爲：「我怎麼這麼差，把原先的好關係弄得一塌糊塗！」或是：「我怎麼這麼倒楣，娶到或嫁給一個會讓我痛苦的人！」因而萌生放棄、離開的念頭。

由前世輪迴到今生，相遇即是有緣，更是一種極為寶貴的「繼續」。如此殊勝的「緣」，凝聚成可以一同生活、共度一生的「分」，當中會有幸福的時刻，也會有需要面對、調整與相互磨合的部分。接下來，讓我們跟著湘君結婚兩年之後的際遇，深入了解經營幸福關係的祕訣與方法。

情緒話放慢說，解除愛情危機

一見到我，湘君便滿腹抱怨：「導師，我真的受不了他！下班一回到家，脫完襪子就丟地上，邊看電視邊打電腦，跟他講話都愛理不理，又總是丟三落四，得要我跟在他背後一直叮嚀……都快退休的人了，心性卻跟小孩子一樣，我是他太太，不是他老媽耶！還有，他吃完飯碗筷也不收，直接擺在餐桌上，壓根兒沒想過要幫我整理，這就算了，連一句『老婆，辛苦你了』都沒說！晚上睡覺又愛亂踢被子，害我擔心他會感冒，只好半夜反覆醒來幫他蓋被子，整個人每天提心吊膽的，結婚到底有什麼好？」

我淡淡地說：「機關槍掃射完，應該舒坦多了吧？」

湘君不好意思地說：「導師，眞抱歉！我發現結完婚的女人好像抱怨特別多，難爲您了！」

我對她說：「能夠適度宣洩情緒是件好事，壓抑下來反而會導致更嚴重的後果。不如這樣，以後你把這些情緒有技巧地發洩在他身上。比如，討厭他邊看電視邊打電腦不理你，這時如果你的情緒上來，可以帶著情緒罵他，但每個字都拖個兩秒，像是：『你……這……個……男……人……爲……什……麼……只……看……電……腦……都……不……理……我?!』每次心裡對他有不愉快的情緒時，就用這種方式宣洩，會有意想不到的好效果。」

湘君疑惑地問：「就這樣？很簡單耶！這樣是跳針嗎？」

我說：「不是跳針，是每個字都拖個兩秒慢慢地講，語氣重一點也沒關係。」

湘君乾脆地說：「這沒有問題，否則我一肚子氣眞的很難消，差一點就想帶毛小孩離家出走了。」

我說：「你沒地方可去。娘家跟你的關係並不好，你可以待在哪裡？」

湘君略帶語塞地說：「我……可以離家出走去逛公園、百貨公司之類的……嗯……最後再回家就好了。」

我告訴她：「**『接納』是讓愛運作的能源，拔掉這個電源，再好的電鍋也難以烹調出美味的佳餚**。即使花時間盯著沒電的電鍋殷殷期盼，等再久也煮不出任何一道菜。」

湘君恍然大悟：「我懂了！心裡有愛，但在付出之前要先接納！」

我點點頭說：「對！這樣一來，愛的時間才會恆常存在。失去接納，愛就難以持續，如同擺在山崖上搖搖欲墜的電鍋，遲早禁不起風吹雨打，最後掉落萬丈深淵。」

湘君困惑地問：「導師，您今天特別喜歡用電鍋比喻，平常有在研究嗎？」

我答道：「沒有，只是因爲你準備買一個日本進口的電鍋，我才拿出來比喻。之後每當你看到那個電鍋，就會再次想起我今天的叮嚀。」

湘君俏皮地說：「導師，您的回覆實在太神了！」

我帶著笑意故作正經說道：「別耍嘴皮子了，回去記得認眞修練。」

湘君笑著回應：「弟子遵命！」

回家後，湘君確實做到將情緒性的氣話，以「每個字拖兩秒」的發洩方式慢慢說出來。剛開始，先生誤以爲她「口吃」而有點受驚嚇，但湘君完全不在意被先生嘲笑，心裡一有不愉快就馬上練習。漸漸地，先生的態度有了轉變，下班回到家會先陪她聊天，吃完飯也會主動幫忙收拾、洗碗，變得自動自發。

有一天，湘君忍不住問先生：「你怎麼好像有點變了？」

先生回答：「我也不知道，可能是害怕萬一再惹你生氣，你口吃的毛病又會發作。」

湘君又問：「眞的是這樣嗎？」

先生靦腆地說：「你一口吃，我就知道你生氣了，但我反而不會被你的情緒影響。之前你念你的，我只想跟你唱反調，現在這樣還挺好的，我知道你什麼時候不高興，然後就會自動自發地調整自己。而且你每次停頓，我就莫名地想笑，也就不會出現反抗的情緒，眞是絕妙的好方法，這一定是紫嚴大師教你的。」

湘君有點開心，卻又佯裝生氣地說：「你竟然敢笑我？原來你一直在心裡竊笑。」

先生趕忙說：「你忘了停頓。快點，記得要每個字都拖一下！」

隨後，兩人就在嬉笑聲中打情罵俏了起來。

經過長時間的練習，湘君讓內心的負面情緒能量得到適當的宣洩，同時獲得先生的理解，進一步調整了回應和對待的模式。她愈來愈能自然接納先生的生活習慣，彼此之間的愛，也因此變得更加穩固、親密且溫暖。

「緣」滿小叮嚀：別讓尊嚴淹沒兩人的關係

任何「關係」，只要有了接納、喜悅，便能重回充滿愛的幸福花園。每當心裡的負向情緒上升時，如果用壓抑或破口大罵的方式宣洩，反而容易引起對方「緊繃」的反彈，一起栽進憤怒、指責的低潮漩渦裡。透過生氣時「每個字拖兩秒放慢說」的方式，可以讓對方理解你的情緒，進而冷靜下來，將關注的焦點回歸問題本身，絕對有助於改變現況。

不過，假如你無法放下面子，自找藉口說這種方法太詭異、搞笑，質疑這樣如何能抒發情緒，這只證明了你把自己的尊嚴看得比兩人之間的關係更重要。**若將尊嚴比喻為海面或河面的水平線，關係就是地平線，當尊嚴（水平線）高於關係（地平線）時，被淹沒的不只是美好的未來，更是兩手空空、一無所有的自己。**

讓尊嚴的水平線低於兩人的關係，自然而然，你會選擇用接納的方式呵護對方。

善用「減法」，讓愛輕鬆零負擔

愛情令人陶醉，時而卻又夾雜一份對於未知的擔憂，期待愛人奮發上進的想法似乎永遠離不開女人的腦袋。看似爲他好的提醒和建議，卻經常換來對方不予理會或冷漠回應。到底是哪個環節出了問題，讓「關心」竟然成爲他的壓力與負擔？

湘君和胡先生的婚姻讓周遭的朋友羨慕不已，他們也經常在聚會中分享夫妻相處之道。但看似圓滿美好的情感，在遭遇生活中較大的變動時，反而成爲下一個考驗的開始。

結婚幾年後，湘君的先生從大公司退休，兩人計畫許久的環遊世界夢想終於得以實現。於是，他們興致盎然地積極安排前往各國旅遊的行程，每兩個月跟團出國一次，夫妻感情變得更加和樂又密不可分。但是，過了一年半，湘君某次翻看存摺時突然有了莫名的焦慮，認爲再這樣下去，依目前儲備的養老金，只能支付日常開銷到八十五歲，也無法維持現在這樣寬裕的生活品質。因此，她打消繼續出國旅遊的念頭，著手規畫投資理財，好防範未然。

但，女人的焦慮不會只是一個偶發事件，而是像岸邊的浪潮一波接著一波湧來。湘君彷彿被迷惑、吸引般，一步步走進恐慌黑暗的地窖，雖然練習過如何宣洩情緒，和之前相比也較不容易產生情緒，但在憂患意識的催化下，竟逐漸成爲一個愛教育男人的女人，不斷要求先生應該積極外出找工作，不能每天遊手好閒。先生拗不過她的任性和逼迫，勉爲其難去找工作，卻因爲年紀的關係，遞出的履歷都石沉大海。他愈找不到工作，湘君的焦慮感就愈嚴重，要求、催促、期待、焦慮等煩惱和負面情緒，全丟到最親近的愛人身上，削弱了原有的融洽與幸福氛圍。

不安和焦慮，是自己製造出來的

再次前來求教，湘君無奈地對我說：「導師，我跟他都老了，但我不想過縮衣節食的生活，請他找新工作，他卻不積極主動，這個男人還有什麼魄力可言？只是兩個人相處愉快是不夠的，生活裡還有很多現實要面對，沒有錢，可是萬萬不能啊！」

我說：「你們現有的退休金和養老金，加起來生活到快九十歲都不成問題，爲什麼要這樣逼迫另一半再去工作？好好地悠閒享受退休生活不是很好？」

湘君反駁道：「導師，他是個男人，男人就要有男人的樣子。他不工作，整天待在家，也不太好吧？」

我搖搖頭說：「你們女人哪，跟男人交往或成爲夫妻久了，潛藏已久的媽媽性格就會浮上檯面，逐漸開始控制和教育身邊的男人，包括老公或小孩，好降低自己內心的不安全感。這就像睡前幫豬洗澡一樣。」

湘君說：「我不自覺地想去要求他，可以說是控制、教育，但這一切都是爲他好，有了工作以後，他的生活反而會變規律呀！還有，睡前幫豬洗澡是什麼意思？」

我答道：「你在睡前幫豬洗澡，牠一覺醒來不是又髒了？你愈是想控制、要求和教育你的男人，反而會讓自己更加焦慮，無濟於事。」

湘君不解地問：「我不斷催促他，找到工作之後，問題不就解決了？這樣一來，我的焦慮也跟著解除了，難道不是嗎？」

我反問她：「你要他出去工作，只是反映出你心裡的不安全感。這份焦慮是你自己產生的，還是他讓你產生的？」

湘君說：「當然是他讓我擔心啊！不然是我自己讓自己擔心嗎？」

我直接點明說：「讓你擔心的從來不是別人，而是你自己！」

湘君更激動地問道：「明明是他不出去上班，我催促他去找工作，怎麼問題卻回到我身上呢？」

我正視著她，和緩地說：「靜下心來找一找，你內心不安和焦慮的能量，究竟是從什麼地方出來的？」

湘君思索許久之後，說道：「好像是從我心底製造出來的。可是，沒有他這種行爲在先，我怎麼會有焦慮呢？」

我告訴她：「你心裡一直存在著『不安全感』，只是藉由這次的事件暴露出你隱藏已久的病灶，同時顯現出你內心的衝突。」

湘君疑惑地問：「我跟我自己的衝突？有點聽不懂，還請導師開示。」

我答道：「**人生中讓我們最看不順眼的人或事，其實是反映出我們對自己最不滿**

意的地方。如果內心沒有衝突和相對應的衝突點，誰能讓你不安？我們總誤以為問題發生在自身以外的世界，所以習慣用各種『手段』控制外界的人事物，好讓自己心裡的不安、焦慮獲得『舒緩』。這方法看似很有效，但我們永遠無法『完全』操控這個世界符合我們的期待，於是衝突和掙扎會反覆上演；當內心拉扯久了、疲累了，就會再次怪罪他人，形成惡性循環，最終問題還是會回到自己身上，由自己來承擔。殊不知一切的不如意，都是由內心升起的。」

湘君終於理解我的意思，說道：「我明白了！處理好內心的衝突，就能讓自己更自在，生活和不如意的情況便隨之而轉。心情愉快也會讓別人愉快，而不控制他人、自己的心裡輕鬆舒坦了，甚至會順勢影響和啓發對方，問題自然迎刃而解。」

我點點頭對她說：「就是這樣，很好！」

湘君若有所思地說：「所以……我和先生經歷了從前世延續到今生的緣分，更在遭遇每個低潮的當下找到轉變和化解內心衝突的契機，這一切，眞的得來不易。」

我告訴她：「現在的你，需要學習善用『減法』，讓心靈先獲得寧靜。內心出現任何煩惱時，每多一個想法就猶如一個『加號』，一直累進加總下去，永遠難有解決或釋懷的一天。首先，你該整理、分析自己產生的煩惱，然後平靜地回到事件本身，用安定的心念重新看待問題。只要去做，你一定會喜歡上『減法』帶來的力量。」

湘君說：「我懂了！讓心平靜下來，單純回到事件的處理上，雜七雜八的思緒和情緒就無法干擾我了。」

我鼓勵她：「很好！**當『心』能回歸平靜時，我們原有的『觀照覺察』本能就會隨之平穩自然地產生。持續練習，用第三人稱『觀察者』的角度看待自己，每一天都會有滿滿的領受。**」

湘君雀躍地說：「太棒了！我會認眞修練的！」

我說：「要加緊腳步，今生的你，還有兩大課題需要面對。」

湘君驚恐又訝異地問道：「太嚇人了！我還有什麼課題需要解決？」

我安撫她說：「不用擔心，每一次的際遇，都是樹立全新里程碑的開始。以勇氣面對，完成不同階段的課題，在人生及靈性圓滿之路繼續前進、突破，那種不斷超越自己的喜悅之情，絕對會讓你畢生難忘。」

湘君鼓起勇氣說：「好的，謝謝導師，我會勇於面對！」

練習減法一段時間後，湘君重新找回輕鬆的心念，並以信任的態度支持先生，兩人之間原本僵持緊繃的狀態消失不再。幾個月後，某家公司聘請胡先生擔任顧問，夫妻倆的相處也重拾過往的和樂與歡笑。

「緣」滿小叮嚀：捨去多餘的擔憂和恐懼

運用「減法」，捨去與放棄內心所有多餘的「擔憂」「恐懼」，將力量和焦點回歸事件本身，同時以平靜的心念重新檢視、分析，我們便能輕而易舉地面對、解決問題。任何意圖改變外界人事物的方式，只會限制、壓縮心靈自由的空間。整理自己的「心」，永遠比整頓外界更有效果，也更有幫助，不僅增長了自己的智慧，也提升了生命的「甜度」。

解不開的壞關係，先從「破壞」開始

婚姻變得更加圓滿後，一天夜裡，湘君和先生坐在陽台上仰望星空，同飲一杯花茶、閒話家常時，她對先生提到，自從走進婚姻，生活有了極大的轉變，朋友變多、笑容變多，內心也經常滿是喜悅，但在如此幸福的生活裡，心中依舊存在一個令她無法釋懷的心結。湘君娓娓向先生訴說對這個心結的恐懼，以及想面對卻又害怕再次受傷的矛盾心情……

自小生長在重男輕女的家庭，湘君的兩位哥哥擁有父母最多的關愛和支持，她這個最小的女兒卻備受冷落，「男人是寶，女人是草」的觀念，深深影響她對男人的看法。父母不公平的對待，曾讓她對人性絕望，進而影響到求學過程，孤僻不喜歡與人親近的性格使她常被同學排擠、欺負。出社會後，爲了不讓自己繼續被看輕，湘君全力投入工作，誓言不再成爲別人的笑柄。而持續努力的付出，終於讓她有了回報與收穫，受到公司高層特別重視，坐領高薪，更如願存到足夠的養老金，讓她可以提前退休。不過，扭曲的童年在湘君心中留下難以抹滅的遺憾，而無法諒解原生家庭的心結，更讓她長年不願與父母連繫。

如今，她體認到「人情關係」在她心裡和生命中的重要性，希望跟娘家重建情感的心情不時會莫名湧上心頭，加上父母年事已高，相處時間所剩不多，讓湘君深信，這是自己人生接下來最迫切需要完成的事。和先生商討許久後，她發現埋藏在內心深處的陰影仍然揮之不去，想面對卻又臨陣退縮。最後，在先生的建議和陪同下，前來找我請益。

今生未解的心結，來世仍要面對

兩人到訪時，我問候他們：「好久不見，你們夫妻倆變得更甜蜜了！」

湘君向我致意，說道：「感謝導師，讓我們現在的感情如膠似漆。今天專程前來拜訪，主要是想請教我跟家人的關係。」

我說：「嗯，你終於願意面對原生家庭了，這是一件好事，也是你人生的一門功課。」

湘君回應：「這也是我現在最想完成的心願。請問導師，我該怎麼做才好？」

我說：「從現在開始，你每個月要回娘家一趟，半年後縮短成兩星期回家一次，逐漸增加次數。我知道你一踏進家門便渾身不自在，就硬著頭皮多回去幾次，自然會和你的家人開始有互動。」

湘君有些緊張地說：「導師，我眞的很怕自己做不到。一想到回家，小時候的不愉快記憶就會一幕幕浮現在眼前，甚至會壓得我喘不過氣，只想趕快遠離。」

我說：「前世作因今生得果，今生受果即造新因，成就未來之果生生不息，今生不解，更待何時？」

湘君問：「導師，您的意思是今生的心結沒有解開，下一世仍要面對是嗎？」

我答道：「**凡是曾逃避過的『困境』，未來必定會再次出現，或者到來世再重新學習**。你今生的父母，分別是你前世的長兄、長嫂，當時你提供夫家許多資源協助他們，甚至幫他們置產。起初，彼此互動良好，但好景不常，你因爲次子夭折導致情緒不穩，開始造謠批判周遭的人，眼界也變得短淺勢利，逼迫長兄、嫂嫂要償還你之前的人情，還以言詞詆毀羞辱，逼得他們只好變賣家產，還你人情，過著極爲簡樸的生活。今生他們爲報恩情生育了你，而你的靈識前來投胎最主要的原因，是你和他們立下協定，要在今生化解彼此之間的前世誤會和糾結。」

湘君又問：「我之前對他們好過，爲什麼他們卻對小時候的我那麼差？」

我告訴她：「前世你先施惠於他們，因此對方要還你生育之情；但後來的你咄咄逼人，造成今生成長過程中雙方的緣分較爲淺薄。而你今生的兄長是他們前世親生，相較之下當然備受疼愛。我能理解你有滿腹的情緒和怨懟，想要改變僵化的關係，就先從『破壞』開始。我同意你回娘家後，把內心所有從小壓抑的不滿情緒全部告訴父母，但以言詞不能過度刺激兩老爲原則。之後，你們的關係會因此驟降到冰點。不過毋須擔心，隨著你持續回娘家，原本被徹底破壞的關係，反而會在一次次的互動中逐步修復，出現新的局面，讓你重新獲得父母的愛與重視。」

湘君迷惑地問：「破壞？爲什麼要這麼做？」

我答道：「因爲你內心一直背負著小時候的創傷和情緒，變得不愛親近父母。

而以你父母的角度來看，加上他們沒有適時理解，便認定你是不聽話、難教育的孩子，雙方皆有誤會。先藉由『破壞』宣洩彼此心底深處的不滿後，才能漸漸恢復理性的態度，重新審視，創造出較之前圓滿的關係。」

湘君說：「我懂了！如果一棟建築物從打地基時就蓋錯、歪斜，之後就會愈蓋愈傾斜，也無法從高樓層著手修正，因爲問題出在根本。所以，把整棟建築拆掉，才能重新構築穩固的大樓。」

我微笑著說：「很好，就是這個概念。重新建構看似辛苦，但總比看著大樓歪斜、無力修正來得有建設性。人與人的關係亦是如此，**發洩情緒就像用炸彈引爆，破壞原本不牢靠的地基**。但還是要謹慎處理，原則上，運用這個方法的條件和基礎，是彼此內心深處都還有『愛』。」

此時，湘君眼泛淚光對我說：「其實，我內心一直深愛著他們。」

我說：「這是當然的。父母、手足、愛人及朋友，都是久遠之前就存在的靈識關係，並相約再次來到這娑婆世界，重新抉擇、學習和領受。一切關係的源頭都是因『愛』而來，爲的是成就彼此更豐盛圓滿的心性。」

聽完我的話，湘君以堅定的語氣說道：「好，我願意『先破壞』，再運用您先前教我的『主動』和『給對愛』的方法，不斷實踐，直到扭轉關係爲止。」

我面露微笑對她說：「記得，堅定的力量，足以化解前世今生的一切糾結。」

皇天終究不負苦心人，在頻頻返回娘家的過程裡，從對立、爭執不斷，從百般不情願到偶爾甘願，再到完全打從心底甘願，湘君一步步用無比的勇氣，面對一個個困境，最終獲得家人的諒解。當她和年邁的父母相擁而泣時，長期累積下來的疏離、埋怨和誤會，全部冰釋融解、消失殆盡。她才發現，原來雙方都將那份思念、關心和愛，一點一滴存放在心底最深處，只是礙於面子，加上不服輸的倔強性格使然，讓彼此都戴上不在乎的僞裝面具，若無其事地忽視一直存在心裡那份最眞切誠摯的親情之愛。

完成了自己的心願、與父母和好善解後，那份無法言喻的安定感，讓湘君的人生找到了價值感和歸屬感，更從中領悟到「關係」對生命的意義和重要性。

「緣」滿小叮嚀：破壞是重建關係的必要之惡

面對解不開的壞關係，不管是親情、友情或愛情，倘若雙方的「愛」還在，不妨試著先從「破壞」重新開始。當彼此爭執、相互指責過去的種種時，這樣的過程其實能讓雙方宣洩出壓抑已久的負面情緒。經過一段時間的沉澱及持續主動釋出善意後，反而能重新建立良性互動，讓被徹底破壞的「壞關係」如同暴雨後的蔚藍天空，再一次，閃耀著明朗燦爛的陽光。

這個世界上看似獨立、不同的個體，彼此的靈識都相通且互有連結。今生誤以為雙方有冤仇、過節，互相對立的人，背後皆隱藏著來自前世今生、共同經歷過的「體驗點」，再藉由「現象機緣」的作用力，促使我們做出轉變，透過不斷地磨合和重建，圓滿他人及愛自己，彼此都從中體驗到更開闊的靈性視野，這就是生命更加幸福的關鍵。

面對失去，「祝福」讓美好永存心底

人有悲歡離合，月有陰晴圓缺，此事古難全。世間萬物皆是有「時效性」的存在，在緣聚緣滅的生息裡，撞擊出更豁達的心性。

時間是最佳的催化劑，湘君從原本單身獨居、不擅與人互動，到不斷突破自我，藉由重建愛情、親情等關係，卸下層層框架，重新學習理解、接納、愛與包容。而在用心爲他人付出的同時，這份正向力量也回饋到自己身上，譜出更豐富的人生劇本：遇見相知相惜的伴侶、結識氣味相投的至交好友，原本疏離的家庭關係也破冰，重拾和睦親近。

約好與我見面的某天下午，湘君和先生一同攜禮前來感謝我多年的谷神心法指導。

我微笑答謝：「感謝你們！願意實踐谷神心法，幸福就是應得的果實。一般人大多有聽沒有懂，只希望藉由跟我的對話，聽到他們想要的答案。」

胡先生在一旁附和道：「眞的是如此。現代人多數只活在自己的腦袋世界裡打轉，又寄望別人的認同、肯定，整天隨著自己的喜好和感覺走，不願學習，又想要趕快得到現成的收穫，眞不知該如何是好。」

我對他說：「就像一個母親要求孩子騎車時多留意，但孩子不聽話，得出過幾次車禍，才換來一次清醒，學習到行車穩當可以保護自己也尊重他人。心性和靈識也是一樣，必須多經過幾次輪迴投生，才會獲得一次覺悟。」

胡先生驚訝地問道：「這麼說來，要完全開悟，不就得經歷上千次的輪迴？」

我說：「除非今生的意志極爲堅定，並持續修練，能在一世就超越輪迴。另外，你務必記得一件事：今年千萬不要開車去屏東。」

胡先生說：「導師，我老家在屏東，但父母辭世後就很少回去，應該不至於會獨自開車前往。」

我點點頭，並再次叮嚀他：「那就好。之前我給你的行車平安符，記得掛在車上。」

湘君說：「上次您把平安符交給我之後，隔天我就幫他掛上了。他這把年紀還愛開車，眞的讓人很提心吊膽。」

我轉頭微笑著對胡先生說：「幫夫的女人，就是經常會適時提點先生。」

胡先生面露笑容，點了點頭說道：「是啊！有她在，就讓我心滿意足了。」

生命關卡難閃躲，無常意外帶來生離死別

炎熱的夏季到來，湘君和多年好友晴妹相約去墾丁度假。胡先生尊重兩個好姊妹之間的情誼，放棄一同前往，決定留在台北找老友泡泡茶、敘敘舊。

出發當天一早，胡先生開車載湘君到台北火車站搭高鐵。湘君抵達高雄後，再搭飯店接駁車到墾丁的度假飯店，享受五天四夜的旅遊行程。

前往車站的路上，湘君對先生耳提面命：「你這幾天要乖乖待在家，年紀大了，不要四處亂跑。」

胡先生輕鬆地說：「我就是找老朋友泡茶，聊聊男人的事，晚上八點前就會回到家，你放心！」

湘君開玩笑問道：「你們這些老男人，又要聚在一起聊年輕時的英勇事蹟了喔？」

胡先生調皮地回應：「這叫好漢要『憶』當年勇。」

湘君好氣又好笑地說：「好啦好啦，注意安全就好。我有帶手機，每天晚上八點半會打給你。白天你打給我，如果我沒接，應該就是在海邊玩，晚上我一定會待在飯店。」

胡先生說：「我知道了，沒問題！」

此時，湘君猛然發現車內後照鏡底下似乎少了什麼，趕緊問先生：「紫嚴導師之前給的行車平安符去哪兒了？」

胡先生急忙解釋：「啊！一定是昨天洗車的阿肥清理完車子裡面以後，忘記再掛回去。我載你到車站後就繞過去拿，你放心！」

湘君再三提醒：「好，你一定要記得！」

載湘君到車站後，胡先生便驅車前往洗車店。一到門口，發現大門深鎖，緊閉的鐵門上貼了張休市三天的通知單。他連忙致電阿肥詢問，得知他回台東老家探親，所以沒有營業。掛上電話後，手機鈴聲又響起，老友提醒他大夥兒都到了，只等他一人。胡先生便發動車子、轉動方向盤，往老朋友家駛去，暫時忘了此事。

隔天，一群茶道好友邀約胡先生到高雄。向湘君報備時，胡先生提議，他不如在高雄多待幾天，等她們的假期結束一起載她們回台北。獲得湘君的同意後，胡先生和朋友一行人共開了五輛車南下。抵達當晚，高雄下著豪大雨，聽在地茶友說了才知道，那幾天高雄和恆春大雨不斷，屏東還有部分地區淹水。

用過晚餐、快九點時，尚未接到湘君來電的胡先生有些焦急地撥打手機，但湘君和晴妹兩個人都關機，打了好幾通也無人回應。看著屋外的陣陣大雨，他不自覺擔心起來，深怕兩人可能在海邊發生意外，連忙致電她們下榻的飯店詢問。請櫃台人員連繫後，得到的回覆是兩人房間內的電話無人接聽。心急如焚的胡先生趕緊拿起汽車鑰匙，告知茶友他準備去恆春一趟後，便三步併作兩步地火速衝進車內發動引擎，即刻驅車前往墾丁。

也許是一時情急，胡先生忘了我的交代。間歇性暴雨落下的斗大雨滴造成行車視線不佳，又遇到積水，導致他的汽車出現水漂打滑現象，一不注意，竟然撞上分隔島。胡先生不幸被扭曲的車體擠壓，受傷嚴重，救護人員到達時，他已無生命跡象。

湘君和晴妹因前一晚共用充電器時沒有把插頭連接好，導致隔天傍晚兩個人的手機雙雙沒電。晚上在墾丁大街用餐時，湘君心想等到八點步行回飯店後再跟先生報平安。沒有特別注意時間的湘君，用完餐後赫然發現時間已過九點半，趕緊到便利商店購買輕便雨衣，回到飯店時已經十點多。她完全無法預料到，重新充電開機後的手機，傳來的竟是天人永隔的噩耗。

用祝福取代不捨，讓愛圓滿無憾

痛失愛侶的湘君，無法接受先生驟然離開的事實，辦完喪禮後，情緒仍然處於極度低迷的狀態，經常徹夜難眠。每次一進家門，看見的無一不是和胡先生的共同回憶。她呆坐在木櫃前，回想起兩人一起邊組裝邊嘻笑打鬧的往事。望著空蕩的餐桌、孤身坐著的沙發，過去的點點滴滴再次被喚醒，令她更難以走出陰霾。夜晚，她獨自一人仰躺在床上，枕邊依稀還聞得到胡先生的氣味，欲強忍眼淚，卻抵不過內心翻騰的傷感與痛苦，忍不住將壓抑許久的情緒全部傾瀉而出。淚眼矇矓中，她一邊哭，一邊告訴自己要堅強、要獨立。

身心飽受煎熬的她再度前來，一身黑衣、身形瘦削，臉上戴著膠框太陽眼鏡，掩蓋痛哭過後紅腫的雙眼。一見到我，她的情緒隨即潰堤，不由得痛哭了起來。

我不捨地對她說：「你就認眞大哭一場，心情才得以平復。」

湘君邊啜泣邊顫抖地說道：「導師，爲什麼他會突然這樣就走了？他自己都知道您的吩咐，怎麼還是躲不掉？我眞的無法接受！」

我安慰她：「無預警的離開，最讓人難以釋懷，我們會因此陷入悲傷的情境，反覆遺憾和自責。緣聚緣滅既然是注定，誰又能倖免逃脫？任何人的一生，走到最後都是一個人。今生你們從緣分裡磨合出幸福，圓滿了婚姻關係，甚至轉變了你與原生家庭的僵局，他的出現，完成了你前世未完成的課題，缺了角的圓圈，今生都給你補圓了。」

湘君再次哭著問道：「難道他的出現，只是爲了圓滿我們的關係？」

我說：「你們相約而來，是爲了共同完成前世未了的遺憾。」

湘君不解地說：「可是他就這麼走了，我還是遺憾啊！」

我告訴她：「即使沒有發生這次意外，再過九年他還是會走，你不也是會遺憾？人老了，不論是否有子孫或老伴，最終還是會回歸孤身一人的生活。我們應該聚焦在此生所有的關係是否已被接納、圓滿，進而產生『了無遺憾』的豁達與智慧。」

聽完我的話，湘君總算有些釋懷地說：「我懂了，也接受他的離開。只是導師，他現在過得好嗎？拜託您告訴我！」

我答道：「他過得很好，唯獨放心不下你。」

湘君難過地說：「我也一樣放不下啊！假如跟他的關係很不好，我現在還能拍拍屁股走人裝瀟脫，事實上卻不是這樣。他給了我最美好的幸福，我每天都會陷入回憶的跑馬燈裡，一個個片段在腦海中轉個不停，就是無法割捨那份情。」

我對她說：「不能用『割捨』的方式面對痛苦，因爲他在你心底是如此美好的存在，如果用割捨的方式解決苦惱，反而會造成心智上的缺陷，甚至會開始否定過往的種種。」

湘君問：「那我可以用『放下』的方式嗎？」

我說：「那樣更不行！會說『要放下』的人，內心其實放不下又『強迫』自己放下，反而在心裡製造了大量負擔。」

湘君點點頭說：「好，那我不用『放下』這種方式。但是，他有什麼遺言要告訴我？」

我答道：「只有一句話，就是要你繼續幸福下去，不用爲他擔心。」

湘君此時泣不成聲地對我說：「導師，求您讓他到極樂世界去吧！」

我說：「這是你應該爲他做的事，我只能教你怎麼做。」

湘君冷靜下來，鎮定地說：「好，拜託您告訴我。」

我對她說：「還在一起時，會有享受，亦有成長；分離之後，當然也會有痛苦和學習。如今你和他都面臨更深層的轉變，而心中那股放不下的能量，正是『啓發』彼此的關鍵。當你心頭湧現糾結、遺憾、自責等情緒時，就運用谷神心法中的『全然祝福』，將所有不捨的心念，化爲最衷心的祝福。」

湘君說：「導師，他走了之後，我一直很祝福他。」

我反問道：「假如我問你吃飽沒，你說吃飽了，但中午只吃了兩粒米，這樣是吃飽嗎？」

湘君搖搖頭說：「當然不是！」

「很好。既然如此，你怎麼說自己有在祝福他？心中如果有祝福，還會這樣痛苦嗎？」聽見我這麼說，湘君頓時語塞，靜默不語。

我繼續說道：「祝福，不是口號，而是眞眞切切的心念。每當思念起他時，當下就給予他最強大、最誠懇的祝福，相信他在另一個世界是圓滿的、自在的、喜悅的。過去的一切回憶都是美好的，有幸能在生命中彼此相愛，就將內心這份深刻的幸福感持續傳遞給他。你是最愛他的人，更要透過全然祝福表達你對他的愛。一念不捨轉化爲祝福，一念傷痛也去祝福，只有不斷祝福，直到你感受到他接收了爲止。」

湘君困惑地問：「導師，我不是您，如何得知他是不是接受到了？」

我說：**「從心念中不斷投射出全然的祝福，一段時間之後，可以觀察自己是不是**

已經變得輕鬆、喜悅。當你的心釋懷了，他也相對應地獲得了你圓滿的祝福。」

湘君點點頭說：「好，爲了他，我願意去做！」

我告訴她：「人與人的靈識是相互連結且密不可分的，只是礙於思考頻率不同而無法感知。透過全然祝福，能圓滿彼此的過去、現在與未來。所以，有緣來時應珍惜，無緣去時應祝福，讓愛繼續無止境地延續下去。這樣的祝福，會讓他的美好永存在你心裡。」

湘君如夢初醒地驚呼道：「啊！我是該讓我們的愛延續下去。有了祝福，我們之間的美好才會一直存在。我總算明白了，感謝導師！感謝導師！」

湘君回去後，就照我說的去做，短短一個月內便走出陰霾，且比以往更加豁達開朗。第二個月起，她開始隨身帶著先生的照片，重遊以往和先生一起去過的國家和景點，以實際行動加上全然的祝福，用一年的時間完成這個心願。之後，她回復日常生活，白天爲自己安排志工工作，下午帶著毛小孩的小小孩去公園散步，也不時和朋友、兄長相聚敘舊。

雖然歷經十多年的情感關係，最後還是回到一個人，但湘君已圓滿了今生所有的人情關係。她曾跟我分享：「今生無憾，我非常愛這輩子的所有。現在活著的每一分每一刻，都是一種滿足。」**生離或死別不是失去，反而是另一種獲得**。人生中能讓你真正「擁有」的不是外界物質，而是內心深處那份恆定穩固的踏實與心安，那才是最有力量的存在。

「緣」滿小叮嚀：祝福才能轉化失去的傷痛

我們都曾經失去，也許是父母的愛，或是親人、寵物過世，抑或情人移情別戀、負心分手。愈是喜歡和深愛的對象，分開之後愈會讓我們覺得難過、受折磨，而這種痛苦的感覺，源自我們內在貧瘠、帶有不甘和缺憾的心念，反映出成長過程中曾被遺棄的創傷點。當創傷再次被喚醒，聚焦在「失去」的情緒裡，便會讓這份痛苦加倍，以致需要更多時間去稀釋、淡化。

時間無法真正抹去傷痕，僅能淡化情緒反應，最核心的問題並沒有被轉化。當再次遭遇相似的情境，受傷的感覺又會像被引燃的火藥般，一發不可收拾。**面對**

「離別」「被剝奪」「被捨棄」等令人傷感的劇情時，應該讓自己進入愛裡，並給予對方「全然祝福」的心念，在每一次升起的情緒和思念中，都附加一份祝福，去「成全」對方，甚至「全然成全祝福」對方。如此反覆持續練習，就能從傷痛中破繭而出，蛻變出平靜且充滿「愛」的意念，不論靈識或心智，都能因此獲得更強大的勇氣和能量。

人與人之間的關係不是戰役，倘若你無法跳脫勝負的枷鎖、無法不計較去留的得失，只會讓生命變得愈來愈貧乏困頓。能夠「全然祝福」的人，才是最終的豐盛收穫者，而愛，將永不消失，恆久伴隨在你心底。

第四章

遇見志同道合的朋友

撫平傷痕，走出人際關係的「盲區」

除了父母、手足，你還需要朋友這一層好的人際關係，在彼此的相處之中體驗互助、共享，一同走向人生的豐盈之路。

朋友、同儕，會彰顯出我們世間人情關係的基本面。若缺乏或逃避「友誼關係」，在靈識和心智上就難以獲得充實與拓展，心會逐漸變得封閉，築起堅不可破的高聳城牆，對外界時時保持備戰狀態，散發出「誰敢侵略我的地盤，我就跟誰一決高下！」的警戒氛圍，讓人感到難以親近；或者從此遠離人群、自我放逐，成爲甘願發配邊疆、過著獨居生活不問世事的邊緣人。上述情況，都反映出前世今生的人際關係中存在著未被探測到的「盲區」，遲遲不願打開心結，逃避過往經驗造成的傷疤，並讓它繼續留在心底。

現在的你是否也是如此？就讓我們一起把「心」打開，藉由谷神心法中的觀照「體驗點」，找到你今生要再一次學習的課題。

同為職場邊緣人，找到共同面對痛苦體驗的方法

曉薇和俊傑是畢業於政治大學企管系的學妹與學長，在某上市電子企業的同一部門任職。不愛與人接觸互動的曉薇，對人群一直有著莫名的恐懼，一旦遇到開會或部門聚餐的場合，總是低調神隱或出席一會兒就快閃，希望長官永遠不要注意到她的存在；木訥的俊傑則是獨自默默努力、勤奮工作，期待有出人頭地的一天。由於兩人對人際關係都十分疏離，其他同事和他們相處久了，也有了「吃飯聚會絕對不找曉薇」「做不完的工作找俊傑幫忙一定不會被拒絕」的默契，兩人於是成了部門裡被另眼看待的邊緣族群。

某天，在擁擠的下班人潮中，曉薇和俊傑恰巧搭上同一班捷運，展開了以下這段對話。

俊傑對曉薇說：「這個世界眞的很不公平，來公司兩年多，做牛做馬經常加班，竟然沒有機會升遷，你覺得我還要繼續待下去嗎？」

曉薇冷冷地回答：「不關我的事。人生有什麼好計較的，做好自己就夠了。」

俊傑好心勸道：「學妹啊，看看你自己，像刺蝟一樣渾身是刺，這樣誰敢跟你交朋友？公司裡從來沒有人在乎過你！」

曉薇略帶嘲諷地回應：「總比你好吧！你在工作上只會被同事利用，又沒有受到主管重視，不如像我一樣安安穩穩地過生活、領薪水，不是挺好的？」

俊傑爲之氣結：「你……我就奮發圖強，發誓要在一年內順利坐上部門經理的大位，揚眉吐氣給你看！」

曉薇聽完後沒有回答，只是默默冷笑著，不發一語地結束了兩人之間的話題。

捷運到達永和的頂溪站後，他倆一前一後出了月台，往同樣的方向走。俊傑不時回頭張望，看了看一直緊跟在後的曉薇，不解地問道：「你又不住永和，爲什麼一直跟著我？」

曉薇說：「你管我？誰愛跟著你！我想怎麼走就怎麼走。」

接下來，兩人又一路同行，來到永和的竹林路上。此時俊傑終於停下腳步，疑惑地看著曉薇，再次問她：「你到底要去哪兒？還是你其實暗戀我，想趁機向我表白？」

曉薇不屑地說：「少臭美了，我約好一位導師要去拜訪。那你呢，又是要去哪裡？」

聽見曉薇的回答，原本心裡充滿疑問的俊傑，頓時有了明確的答案，緊接著問道：「我們兩個，該不會都約了紫嚴導師吧？」

曉薇驚訝地說：「不會吧?!你約的是幾點？」

在來到門口等候的短暫時間中，兩人交換訊息，得知曉薇預約了八點半的時段，俊傑則緊接在後。或許因爲這奇妙的巧合與安排，讓他們對彼此卸下心防，打開話匣子聊了起來。八點半一到，曉薇先入內向我請益，俊傑則留在外頭繼續等候。

曉薇滿不在乎地對我說：「導師，其實我沒有什麼特別的問題，今天會預約前來，是因爲姊姊要我來找您，希望您能幫幫我。」

我淡定地說：「既然如此，你就先回家休息，改天有問題再過來就好。」

聽我這麼一講，曉薇急忙說道：「有！我其實有問題要拜託您，就讓我請益一下。雖然我在一家還不錯的公司上班，但每天都很不快樂，跟長官或同事開會、聚餐，還有社交這些事，一直讓我覺得壓力很大、難以喘息。先說好，我知道是我的問題，但就是很難面對，家人也帶我看過心理醫師，卻沒有太大的幫助。」

我說：「你的問題要從前世今生來追溯、了解。前世的你，生長在一個僅有八戶有錢人家的村莊裡，你的父母所在的陳家就是其中一戶。自小你喜好讀書、寫字，爲人和善，也有許多交心的朋友，只是因爲有難以醫治的婦科疾病，以致許多媒人憂心你無法生育而不願作媒，二十多歲仍舊未出嫁。後來，原本富裕的家境好景不常，你的父親和另一個大戶人家合夥經商，卻因爲作物歉收造成呆帳，投資失利，兩家皆以慘賠作收，只好變賣家產，從此過著平凡人家的生活。起初你適應良好，但母親在遭逢一場嚴重意外後雙腿不良於行、無法行走，你和父親背負起照顧母親的責任，長兄則每日到街上擺攤販售麵食維持家計。不久後，村莊裡傳出許多流言蜚語，指稱是你這個嫁不出去的掃把星帶衰家運，連昔日同窗好友也跟著添油加醋，助長了閒言閒語。啞巴吃黃蓮、有苦說不出的你，因而罹患了現代人說的憂鬱症，對人性極度失望及排斥，也有了『被遺棄』的感覺。所以，當今生再一次遇到與前世狀況類似的『對應機緣』時，就會引爆你對人性的恐懼和疏離。」

曉薇說：「您提到前世的苦會在今生引爆，但我小時候都很快樂，也沒有發生過什麼讓我不開心的事。」

我答道：「你上輩子跟這輩子的小時候都很快樂，所以沒有什麼問題。而前世對應到今生開始覺得不快樂的階段，應該是在虛歲十九歲那一年，你仔細回想一下。」

曉薇回想了一陣子，說道：「嗯……我依稀記得從二十幾歲開始對人群產生恐懼，而且愈來愈嚴重、明顯。」

我說：「今生引爆的癥結點，應該是你高三的時候，同學開玩笑地說：『你是掃把星，每次假日跟你出門就會下雨。』當晚你的心靈就因為這句話開始出現變化，畢業以後益發嚴重。」

曉薇若有所思地說：「這件事我好像有印象，但已經記不太清楚。當時的朋友的確認爲跟我出門就會碰上雨天，也眞的如導師所說，大約在上大學後，我就不太跟別人往來，因爲我怕他們來認識我、了解我。」

我告訴她：「**莫名的恐懼，來自前世今生有共同或類似經歷造成的『體驗點』，再藉由『現象機緣』呈現的事件及產生的反作用力，促使你的生命引發新的轉變**，並非是要扼殺和傷害你。」

曉薇恍然大悟：「原來如此，以往只要這種『感覺』一出現，我就很想毀滅、抹掉它，甚至會有罪惡感，也會莫名厭惡自己。之後，這種負面力量愈來愈大，像驚濤駭浪般朝我襲來，發作的頻率也愈來愈高。」

我說：「谷神心法中提到：『**輕鬆又專注地觀照體驗點，靜心記錄感覺和情緒從出現到消失的所有起伏過程，扭轉的契機就藏於其中。**』不斷學習觀照你心中升起的負面力量，過程中仔細看待又不放大渲染，再用『接納曾經』的心念去包容那份力量，你就會有不一樣的感受和體驗。」

曉薇有些爲難地說：「導師，我可以嘗試看看。」

我提醒她：「不能只有嘗試。當人生遇到窒礙難行的『體驗點』時，需要細心看清楚它的波動和變化；接下來，更要如水一般，甚至像空氣一樣，持續輕鬆地『滲透』與『穿越』它，就能超越那個曾經充滿負面壓力且『低頻率的自己』。」

曉薇篤定地望著我說：「好，我願意持續練習一年以上。」

我笑笑地對她說：「我會等待你的好消息。」

曉薇點點頭，然後問道：「我還有一個疑問。前世我到二十多歲還沒嫁出去，今生也會是如此嗎？」

我答道：「不會！剛剛我還沒說完。前世與你父親合夥投資的那戶人家姓呂，他們的次子跟你有相同的遭遇，被同村莊的居民造謠說：『他的父親愚昧無能，導致投資失利，還牽累兩家人成為眾人恥笑的對象。』你父親為了破除你是掃把星的閒言閒語，讓你嫁給呂家的二公子，過著簡樸的生活，所以今生你會再度和他相遇。剛開始你們跟前世一樣，彼此之間不會有什麼特別的好感與共鳴，要等待機緣催化，才會萌生戀情。」

曉薇驚呼道：「啊！原來我會嫁人喔?!」

我肯定地說：「對！你就先回去練習吧！」

此時，曉薇的諮詢時間結束。她收好筆記本，很客氣地對我再三鞠躬感謝後離去，預約時間緊接在後的俊傑便走了進來。

前世巧妙牽連，種下相互扶持之緣

俊傑謙虛有禮地問候我：「導師您好，想請示您：我何時能升遷？何時可以買房子？何時能夠賺錢發大財？」

我反問他：「你不是向來很討厭有錢人？如今怎麼想當有錢人了？」

俊傑答道：「我覺得有錢人經常濫用自己虛僞做作的人際關係，去欺壓沒錢的人。如果讓我成爲有錢人，一定不會欺壓他人。」

我說：「這個講法有點矛盾。你在路上看到賓士、賓利、BMW等名車時，都投以不屑的眼光，甚至在心中認爲：這有什麼了不起，只是一群愛炫富的窮光蛋。」

俊傑義憤填膺地說：「是啊！他們只會炫耀自己的財富，讓窮人自卑，還自我感覺良好地賣弄財力，利用各種集團與手段處心積慮吸取窮人的錢財，再成立不同的民生產業，繼續豪奪榨取更多錢財。況且，不少人開的名車都是去借貸買來的，只是爲了現給別人看，實際上卻窮得要命。」

我說：「你這些想法跟情緒，反映出內心的『匱乏』，一種無處可去、不被肯定的『自卑感』，掩蓋了你靈識原有的謙遜與自信。我就從你的前世今生說起。你出生在一個僅有八戶有錢人家的村莊，而你們呂家是其中一戶。自小……等等，你和剛剛離開的前一位信眾認識吧？」

俊傑說：「認識，她是我的刺蝟學妹，很怪的一個人。怎麼了嗎？」

我假裝若無其事，繼續對他說：「沒事，我繼續講完。前世的你從小就仰仗父母有錢，經常擺闊宴請朋友，你身邊出現的自然以酒肉朋友居多，正直的益友紛紛走避。家境富裕的你雖然愛面子，但也很努力付出和學習，期待將來能接掌家業。不過，好景不常，你父親和另一戶有錢人家合夥經商，卻因爲作物歉收、呆帳問題，導致投資失利，讓兩家皆以慘賠、變賣家產收場，只好降格過著普通人的生活。原本總是黏在你身邊吃喝玩樂的酒肉朋友因而遠離你，知心好友也無力安慰，讓你逐漸故步自封、閉門造車，僅替某間麵粉行管理帳務、打打雜。面對人，你心裡開始有種莫名的『被遺棄感』，這股力量也順勢在投生時被帶到今生現場，一旦遭遇與前世情況類似的『對應機緣』，就會勾起你渴望被關注的『需求』，但你又有一種因爲自卑而否定他人的『不屑』心理，於是，你陷入了需要他人肯定卻又不屑權貴的矛盾情結。大學時期和幾位同學相約騎車去新竹玩的契機，則勾起了你與前世經歷相對應的『體驗點』——當時你騎的摩托車很小，速度又慢，所以被同學甩在後頭，並且因爲他們的嘲笑，你心裡升起自卑的感受，開始厭惡比你好或能力比你強的人，生命態度也出現一連串的偏差，導致你沒什麼朋友。一旦遇到比你能力強、條件好、聰明或有錢的人，就會不由自主地想要閃躲，並告訴自己：『我不屑與那種人交朋友。』用『隔離』的方式保護自己脆弱不堪的『尊嚴』。」

俊傑說：「導師，那一天到新竹，的確讓我第一次對人性徹底失去信任。沒有人來關心我爲什麼騎得慢，還嘲諷我車不好、該換車了。難道，我看不慣別人是我的功課嗎？」

我說：「你心裡的被遺棄感，來自前世今生的『體驗點』，然後藉由這個體驗點引起的反作用力，激發你開始轉變，而不是要你更努力、想盡辦法爭取你想要的職務或金錢，再把他人『比』下去。」

俊傑追問：「但不努力的話，怎麼會有收穫？」

我向他解釋：「我的意思不是要你不努力，而是不懷抱著得失心去努力，不帶著『被遺棄感』去工作或對待別人。先解開盒子上塵封已久的封印，才能見到寶貴的禮物。」

俊傑又問：「問題是，沒有得失心要怎麼做事？人生總要有目標，才能大步朝它邁進，不是嗎？」

我反問他：「有了得失心，對事情就會有所期待；有了期待，就像身上扛著一顆沉重的大石頭又逼迫自己大步向前，這樣不笨嗎？」

俊傑終於理解我的意思，說道：「放下大石頭，沒有了期待，反而變得更輕鬆，能夠超越原本的極限。我怎麼沒想過這件事?!」

我點點頭，繼續對他說：「另外，去面對你的『被遺棄感』。至於如何用谷神心法來『面對』，我已經教了在你之前請教我的曉薇，你可以去問她。」

俊傑驚慌地問：「一定要問她嗎？如果亂摸刺蝟，牠反而會蜷縮起來，並豎起身上的刺來防衛別人，我怕她不願意告訴我。」

我說：「不一定。世間的事，世俗人向來難以預料。」

俊傑不死心地追問：「那我這一世會不會有錢？」

我告訴他：「上一世的你有錢過也平淡過，如今那份『想戰勝人的欲望』還在你心裡鼓譟著。這個欲望依舊源自你心裡的『被遺棄感』，誤認為只有掌握權勢才能使喚他人，並在他人的羨慕眼光，以及一切能被你操控於股掌間的狀態裡找到自信，這是很不牢靠的方法。如同前一世，從豪奢揮霍的生活，到後來沒錢沒權、反倒被人看輕數落的人生，你確定還想回到相同的劇情嗎？」

俊傑思考了一下，說道：「所以，自信眞誠才是最重要的根本。」

我說：「很好！回去就請曉薇教你如何面對被遺棄的感覺。另外，你未來的太太會大大改變你的一生，改天當她出現時，你再來找我。」

俊傑點點頭，起身對我鞠躬後便離開。走出大門，才發現曉薇還在門外等著他，尚未離去。

俊傑驚訝地問：「你怎麼還沒回去？」

曉薇斜睨著他說：「等你這位學長啊！想看看你有沒有被導師轟出來。這麼自大的一顆鳳梨頭，肯定會被導師削掉。」

俊傑愛面子，逞強地說：「嘿！導師說我未來有錢有權，榮華富貴享用不盡。」

曉薇作勢要往門內走，對他說：「哈！一聽就知道你在胡扯，我馬上再進去幫你確認一下。」

俊傑緊張地攔住她說：「不用不用！是我騙了你。拜託你行行好，念在同事一場，別讓我難堪。」

曉薇問：「那導師究竟跟你說了什麼？」

俊傑答道：「就說是我自己的問題。他說我有『被遺棄感』，所以產生『想要戰勝人的欲望』，去補償心裡的自卑……欸，不對！你問這麼多做什麼？爲了公平起見，換你告訴我，導師跟你說了什麼？」

於是，兩人就在返家的路上邊走邊聊。

曉薇簡短地說：「就說要超越過去『低頻率的自己』。」

俊傑問：「只有這樣？」

曉薇乾脆地答道：「對！只有這樣。」

雖然時間已晚，但隔天正好是週末假日，兩人便相約在一間咖啡店暢聊，談到彼此小時候的際遇、谷神心法及各自的人生觀，唯獨沒有聊到有關前世的話題。

星期一上班，兩人帶著愉悅的神情進辦公室。趁著工作空檔，俊傑走到曉薇身邊說：「學妹，導師不是說要『輕鬆又專注地觀照體驗點，靜心記錄起伏的過程』？你有練習的話，剛才開會時怎麼還是東躲西躲？」

曉薇反擊道：「這位學長，導師不是要你去面對『被遺棄感』？可是，你剛剛用斜眼看經理，是不是『被需要』和『想戰勝人』的欲望又發作了？」

俊傑佯裝生氣地說：「我要去跟導師投訴，說你蓄意栽贓！」

曉薇俐落地回應：「那我也要去跟導師說你根本沒練習，虛情假意，只是做做樣子而已。」

俊傑終於認輸，忍住笑意說：「好，我輸給你了！從現在開始，你只要看到我有什麼缺失，還請不吝指教！」

同屬公司邊緣人的曉薇與俊傑，便在公司一塊修練起「谷神心法」，有時也會相約在附近的麥當勞分享練習的過程和心得。在相互監督、提醒之下，兩人的人際關係都開始有所進展——曉薇逐漸會和同事聚會談天，俊傑也愈來愈懂得尊重長官，和同事也有了往來。他們發覺，原本封閉僵化的生活出現變化，心情不再容易緊張、焦慮，更藉由「優質的人際關係」，以及和同事的良性互動，重新獲得對他人、對自己的肯定。

「緣」滿小叮嚀：覺察人際關係的保存期限，主動調整

今生能夠成為朋友，必然歷經累世的相處，相約前來共同譜寫更美好豐富的人生劇本。同樣地，在友誼關係中，仍舊會受到緣深或緣淺的因果條件制約。所以，我們經常見到有些原本相處融洽、無話不談的知己好友，多年後竟成為互不往來的陌生人，抑或對方從泛泛之交變成大力提拔你的貴人，甚至發展成猶如至親般深厚的好關係。一切的變化，皆是緣分和時間催化下誘發的一種狀態，背後更隱藏著重要的「關鍵學分」，留待我們繼續領受學習，切莫渾然不覺，任由命運安排。

所謂「關鍵學分」，指的是「關係中由我們主宰的變化及可能性」。就像擺在餐桌上的剩菜，我們會用保鮮膜封好之後放進冰箱冷藏保存；快過期的食物，則會盡快烹調處理，不至於讓食材放到腐敗變質。在生命中遭遇的人情世故亦是如此，背後皆隱藏著一種能夠掌握的「轉機」，而非消極認命。我們能決定食物的未來，當然也能決定一段關係的走向、發展。當意識到雙方的互動中出現難解的「癥結」，或是關係開始變得疏遠，甚至決裂，就像食物的保鮮期即將結束一般——面臨這樣的情況時，我們應該轉換思維，適度修補或調整現階段的關係狀態。無論將來能否繼續維持關係，畢竟雙方都曾經付出真心對待，過程必然是愉悅、滿足且無愧於心的。而關係與食材的差異在於，人與人的關係是雙向互動，食材則是單向的，但保鮮期延續或縮短的轉機，卻同樣掌握在我們手裡，只要你願意主動嘗試和改變，即使沒有得到好的回應，也會有不一樣的啓發與收穫。

由此可知，緣分恰似保存期限，在賞味期間，關係自然融洽，此時更該用心珍惜；倘若保存期限快到了，則應著手進行下一階段的互動調整，也許會開啟另一段意想不到的進展。假如因為保存期限過短，沒有及時補救的機會，我們也可以給予對方一份真誠的祝福。在心中留下一段美好的回憶，何嘗不是另一種獲得？這麼一來，你的收穫只會愈來愈多，擁有「零失去」的幸福人生。

從同事變知己，在相處中累積情愫

一次休假日，曉薇在家趕公司報告，電腦卻突然不聽使喚，跳成藍色畫面，就算重新開機或關機好幾次也救不回檔案。情急之下，曉薇便傳LINE訊息給俊傑，他二話不說就衝到曉薇家幫忙挽救資料。

一進門，曉薇的母親就對俊傑留下很好的第一印象。在俊傑修完電腦離開後，曉薇忍不住對母親說：「媽，你剛剛怎麼一直盯著俊傑看哪？」

曉薇媽開心地說：「女兒，你第一次帶男朋友回家，我好高興！」

曉薇急忙解釋：「他是我大學學長，不是男朋友，別誤會人家了。」

「喔，誤會一下有什麼關係？你們兩個很有夫妻臉，他也很得我的緣。」

曉薇又說：「媽，我還不想嫁，多陪你一段時間不好嗎？」

曉薇媽搖搖頭說：「不，女人大了就該嫁！你們之前請教過的那位導師，沒有指點你何時會結婚嗎？」

曉薇說：「沒有，導師只說我今生會跟前世是夫妻的呂家二少爺再相遇，但學長又不姓呂。」

曉薇媽又說：「可是我很喜歡你學長，又高又斯文又一表人才，而且還跟你一樣是政大畢業。」

曉薇再重複一遍：「可是他又不姓呂。算了吧！有緣自然會出現。」

經不起母親一再追問，當晚，曉薇失眠了。她回想這些日子以來和俊傑的互動，兩人一起成長、彼此鼓勵，讓所處的環境因爲相互督促而有了改變，倘若能一輩子走下去，該有多好？接下來的一整晚，曉薇被想談戀愛的感受沖昏了頭，徹夜難眠。

俊傑的情況也好不到哪裡去，輕微的失眠讓他回想起電腦順利開機、進入Windows作業系統，曉薇回頭對他燦爛微笑的瞬間，那個畫面令他莫名悸動、充滿喜悅，且這種感覺久久不散。他從未有過因爲一個笑容喜歡上一個女人的經驗，還有她房內的香氛氣味，已經成爲抹滅不了的美麗記憶。隔天，俊傑前往百貨公司，找到相同味道的香氛蠟燭，想把它送給曉薇，當作鼓勵她的禮物。結完帳後，他興高采烈地把蠟燭帶回家，還親手寫了一張卡片，準備明天交給曉薇。

第二天去上班，俊傑把禮物送給曉薇，並且對她說：「我很久之前就約好今晚下班要去請示紫嚴導師，你要不要跟我一起去？」

曉薇說：「道院規定，除非是姻親、男女朋友或家人才能一同前往，同事好像不能一起去諮詢耶……」

俊傑信心滿滿地說：「我的頭腦很靈活，已經先打電話知會過，確定獲得同意了。」

下班後，他倆沿著曾經走過的路線安靜步行著，兩人之間沒有太多對話，心裡卻異常忐忑不安，憂心我的建議可能會讓他們無法接受。時間一到、上了樓梯，俊傑鼓起勇氣按下電鈴，走到我的辦公桌前。

俊傑誠懇地問候我：「導師好，我們兩個人都有了改變，期待您再給予指點。」

我面帶笑容，對他們說：「很好！俊傑不再憤世嫉俗、故步自封，比過去更願意傾聽他人的意見。曉薇也不再恐懼人群，開始懂得分享自己的感受和認同他人。」

曉薇有些難爲情地說：「多謝導師指導，讓我看到自己對人群的恐懼來自不認同自己，內心對抗的結果，就是選擇遠離人群。其實我眞正想遠離的人是自己，卻用遠離他人的方式來逃避這個問題。」

我點點頭說：「非常好！換俊傑說說看。」

俊傑接著說：「我曾經觀照自己，在馬路上看到呼嘯而過的賓士車，內心產生了不屑的念頭，順著這個心念深入觀照，發現是自己買不起的情緒在作祟，利用厭惡他人開好車的想法，來抒發自己得不到的情緒。然後，我更深入發現，其實一切都是導師所說的『自卑感』作祟。運用谷神心法，我透澈地觀察自己的想法，當完全看清楚時，這種莫名不屑他人的心念與自卑感，就像老鼠見到貓似地瞬間消失，不見蹤影。這讓我信心大增，同時肯定地告訴自己，未來要終身奉行谷神心法。」

我感動地說：「你們兩個，皆是大勇大智之人。」

曉薇也跟著說：「導師，我也要終身奉行谷神心法。」

我帶著滿滿的笑意，繼續對他們說：「善哉善哉，你們倆眞是天生一對。」

俊傑驚訝地問：「導師，我沒聽錯嗎？我們兩個是天生一對?!」

我篤定地說：「是啊！前世是夫妻的人，今生也將成爲夫妻，彼此互助、成爲一體，共同成就天下難得的好姻緣。」

曉薇急忙問道：「可是他不姓呂耶，怎麼會是他?!」

我假裝忽略曉薇的問題，單刀直入地說：「對了！你們兩個還沒表白，如果我講白了，不就不用表白了？」

俊傑戒愼恐懼地說：「拜託導師給我們進一步的明示……」

我說：「你們應該沒跟對方聊過自己的前世今生，待會兒在回家的路上彼此詢問一下，答案自然就會揭曉。另外，每個人的姓氏在經過輪迴之後，大部分都會跟前世不一樣。再說下去，俊傑連求婚都不用，直接在我這邊簽結婚證書，明天就可以去戶政事務所登記了！」

俊傑喜出望外地對我說：「眞的嗎？太好了！我其實喜歡曉薇，導師今天的開示，讓我覺得很輕鬆又愉快。」

此時，曉薇在一旁不好意思地臉紅了起來，沉默不語。緊接著，俊傑轉頭對曉薇說：「我會一輩子對你負責的，導師可以見證。」

我假裝驚訝地插話問道：「等等等等，你現在是在我這裡對她表白嗎？你們還眞是登對，趕快回去約會吧！」

俊傑起身對我深深一鞠躬，由於彎腰的速度太快，還不小心撞到我的辦公桌，然後就魯莽地轉身往外走去，留下還坐在位子上的曉薇。我趕忙叫住俊傑，提醒他：「先生，你不用等一下女生，然後牽著人家的手走出去嗎？」

俊傑趕緊舉手敬禮道：「是！導師說的，我馬上照做！」接著連忙牽起曉薇的手，幫她擺好拖鞋，然後一人帶著掩不住的笑容，另一人害羞地向我告別後走了出去。我則微笑地目送兩人離開。

一年多後，在我的擇日見證下，俊傑和曉薇完成了終身大事。由於人際關係有所改善，光是同事和朋友，就讓他倆的婚宴席開超過二十六桌。終於結爲連理的兩人也在眾人的祝福中，成爲人人羨慕的佳偶。

面對關係問題，男女應對各不同

俊傑和曉薇的境遇讓我們了解到，男人往往會以討厭、反對、批評、嘲諷、刺激、要求、迴避等態度，尋求內心的平衡，彌補心中滿是空洞又脆弱的自卑感。也因爲難以和自覺「比我好」的人相處，衍生出許多問題。在「友誼關係」中不願意誠實面對內心的自卑感，就會影響到婚姻關係及子女關係。多數有這類問題的男性，都不願意接觸、甚至會否定宗教，也不願涉獵心靈、勵志等領域，更會拒絕與人溝通，活在自以爲完美無缺的生活裡，外人卻對他感到百般無奈。他們的世界除了興趣還是興趣，沒興趣的一概不碰或反對；難以接受正向的信仰與力量，反映出內心的極度匱乏，更難以接受生命導師，甚至反對身旁的人去接觸，因爲他們要扼殺比自己更有智慧、天賦，或是比他們更聰明的人，才能讓內心深處的自卑感不再蠢蠢欲動。其實只要放寬心就會明白，全世界沒有誰會和你比較、分高下，只有設法來幫助你、襯托出你是如此與眾不同的人。因此，何不卸下這沉重的盔甲，用「接納」與「尊重」，讓自己走入充滿「愛」的世界，找回你原有的自信與動力。

而自信心不足的女人，則常常用僞裝、逃避、遠離、漠視、盲目相信等方式，平衡內在的自我缺乏感，抑或採取保護自我的模式，以強勢、誇耀、批判、挑剔、教育、比較等武裝姿態，保衛那顆一碰即碎的玻璃心。不過，跟男人相較，女人基本上比較懂得從「心」著手處理問題，所以會轉而接觸宗教或心靈勵志圈，逐漸修復不安穩的情緒。但也因爲急於讓情緒回復穩定，太想讓心靈得到撫慰，很容易弄混正道或邪道，稍有不慎，反而會被邪道洗腦，成爲心靈老鼠會的一員。隨著爭議事件頻傳，我們也不得不正視這個問題。但話說回來，比起男人，女人的確更容易接受正向力量，也可以說是創造幸福世界的重要推手。

「緣」滿小叮嚀：打破舊框架，超越低頻的自己

我們的「既定觀念」創造了眼前的一切感受。前世過不去的「體驗點」皆儲存在靈識中，待「現象機緣」一到就會被讀取，進而形成你莫名的情緒或低潮。事實上，這暗示著我們必須面對這個學分，從今生、當下開始，重新「接納曾經」並加以調整，做出不一樣的抉擇。

超越低頻的自己，曾經、過去、以往全屬低頻的範圍。為什麼要這麼認定？因為，若無法認知過去是低頻，就不可能去創造高頻、正向的自己。勇敢跨越過去，毅然跳脫原本舒適或令你感到麻痺無力的生活圈，邁開步伐，突破過去自己設下的舊框架，珍惜眼前的一切，並靜心觀照整個發生的過程，勇於接受「更豁達的思維」。這樣不僅能淬鍊出心智的耐力，更能激發靈識的變頻功率，在一次又一次的超越中脫穎而出，展現更耀眼、光彩奪目的自己。

學會尊重體諒，讓老闆對你更公平

不論在職場上，或是人際關係、親情互動中，不公平的對待總是屢見不鮮。「緣分」就是在幕後主宰關係交情深淺的劇本，我們的自主意識則是事件眞正的主導者。因此，千萬別入戲過深，依照劇情安排演下去。生命中的緣分是藉由一個個事件的「發生」，促使你警覺自己的不足之處，再從情緒中帶出想要與之「脫離」的心念，然後回到事件上重啓學習，從中獲得智慧與啓發，進而超越處於低頻率的自己。

盡心付出未受肯定，主管愛的人竟不是我？

自從和曉薇結婚後，俊傑的工作態度，以及和同事之間的關係都變得更加圓融，結完婚那一年，即被公司升爲專員。但幾個月下來，他愈來愈不快樂，原因是課長對待每個專員的態度不甚公平，有兩位同事在上班時間摸魚，任意上網購物、提早下班，課長往往視而不見，放任袒護，對俊傑的要求卻十分嚴苛。

某天中午，心情低落的俊傑找了已經調往另一部門的曉薇用餐訴苦。曉薇看見先生如此沮喪無力，情緒也跟著低落，覺得長期支持鼓勵他卻不見成效，便相約一同前來，尋找另一個「體驗點」的意義。

曉薇對我說：「導師，不好意思，又來麻煩您了。最近俊傑陷入低潮，我勸不動，而他也想來請教您的意見。」

俊傑倔強地說：「我沒事，只是有一點讓我很不解：爲什麼我們認眞把工作做好，不惜加班，盡心盡力負起責任，偏偏得不到主管的賞識；小人則橫行霸道，無所事事，還提早下班、隨意請假，課長卻極力袒護他們？請問導師，這個世界眞的有所謂公平正義嗎？」

我說：「這個世界上，沒有眞正的公平正義。」

俊傑詫異地問道：「眞的假的?!」

曉薇嚴肅地對俊傑說：「你竟然敢質疑導師？我看你眞的活膩了，小心我回去買狗飼料給你照三餐吃。」

我繼續說：「公平正義沒有眞正的標準，而是以多數人認定的看法爲看法。拿法律來說，同一種罪行在不同的國家有不同的懲處制度，主要是因爲風俗民情的差異。**公平只存在你心底而已，那一把尺是你拿的；主管的公平也只存在他心底，尺是他拿的。每個人的丈量方式不同，也會隨著自己的喜好而定。**」

俊傑氣憤難平地說：「就是有這麼差勁又盲目的人，完全沒看到眞正認眞用心的人是誰，他眞是瞎了眼！」

我告訴他：「假如你是那兩位得寵的專員其中之一，今天可能就不會來找我，而且還會覺得課長很公平。」

俊傑沉思了一陣子，說道：「這……我應該會很快樂吧，也不會來勞煩導師，要您協助我。」

我說：「就是如此。所以，你只是『想要被公平對待』，透過這份滿足來符合自己的設定與期望，也想要藉此安慰自己：我的付出是有價値的。」

曉薇說：「對！導師，就是這樣！他就是想要別人讚美他、認同他。」

俊傑老實招認：「這我不否認。我是以公平爲藉口，行想要獲得恩寵之實，是我無恥。」

我提醒俊傑：「也不必就這麼認定。你跟主管的緣分淺是事實，前世和他沒有太多交情，今生他也毋須對你多付出。而你那兩位同事，一個前世是他茶樓裡的大掌櫃，另一位則是他的大廚，你這個路人甲只是偶爾去吃吃飯，既不是老饕常客，也沒對他付出過什麼，今生你還希望他能好好伺候你不成？」

俊傑頓時愣住，說道：「那我被如此對待，從因果的觀點來看，其實還滿公平的。」

我繼續說：「好，現在來說重點。前世已經是過去式，如何在現今遭遇的『體驗點』上觀照自己的狀態，是最急迫且必要的。再不加緊腳步體會，你就會錯失『逆轉』的契機。」

俊傑不解地問：「爲什麼會錯失？我早晚會改，只是現在心情還不是很舒服。」

我答道：「你認爲你現在的態度，主管會看不出來嗎？他只是偏心，但腦子還沒壞，四肢健全，眼睛依舊看人神準。等到被貼上不順眼的標籤，到時你想撕也撕不掉。」

俊傑頑固地說：「眞的！我看他偏袒那兩個小人，還眞誤以爲他腦子壞了呢！」

曉薇在一旁加重語氣說道：「俊傑，信不信我現在立刻上網買狗飼料！」

我安撫曉薇：「先別激動，他已經喪失理性，因爲負面情緒壓抑太久了。俊傑，我問你，如果你是那兩位專員其中之一，有個叫俊傑的人認定你是小人，你的看法是什麼？」

俊傑立刻回答：「我認爲那個俊傑才是小人。」

我說：「對！這就是正確答案。」

俊傑說：「所以，立場不同，認知也跟著不同。我就是只以自己的看法去判斷和定義別人，最後有問題的人還是我自己。」

曉薇欣喜地說：「感謝導師，我終於不用買狗飼料了！」

我笑了笑，繼續對俊傑說：**「你用什麼觀點和角度看待別人，就會創造出什麼樣的世界。」**

曉薇振奮地說：「導師，這句話我一定要抄下來，太重要了！」

俊傑說：「我知道是自己的問題，靜下心來就會明白，最該檢討的還是自己。假如我沒有討厭那兩位同事，也沒有用誤解和負面的角度審視主管，今天就不會有這種情緒，甚至能在調整的過程中，讓課長看到我的用心和表現。」

我說：「很好，繼續這樣面對、調整下去，你會從中獲得更多。」

俊傑點點頭，說道：「導師的意思我完全明白了。請您相信，我一定會逆轉。」

我對他說：「我相信你，但『看你不順眼』的標籤，課長已經拿出來，快要貼到你身上了。他現在只是手被蚊子叮咬，暫時抓了一下癢，接下來就準備要貼上去了，趕快把握時間吧！」

俊傑動容地說：「我太感謝導師派過去的蚊子，救了瀕臨職場生死邊緣、快要無力回天的我。」

我說：「少拍馬屁了，還不快回去練習！」

俊傑以誇張的語氣對我說：「師恩浩大！叩謝師恩！」

曉薇搖搖頭，好氣又好笑地說：「導師，俊傑現在眞的跟以前差很多，還會油嘴滑舌了。」

回去以後，俊傑持續勇敢突破低潮，兩個月後就成爲課長心目中另一名受寵的專員，讓他開心到合不攏嘴。此外，在幫夫曉薇的叮嚀下，他沒有因此怠惰，一如往常地勤奮工作。擁有特權，又有被肯定的成就感，讓他的心裡踏實許多，更能理解公不公平是在別人心底，自己的公平只能自己看待。

一年後，經理提拔俊傑爲課長，原本的課長則被資遣，主因是領導力不佳，導致部門績效差、人心渙散。俊傑在這一年之中改變了自己的心態，認眞務實，又不批評別人，因而獲得經理的賞識與重用。

「緣」滿小叮嚀：真正的公平，從接納他人的觀點或評價開始

某個狀況究竟公平或不公平，標準在每個人心底，無法據此衡量他人，因為大多數人並不會去理會和遵照我們的衡量標準，依舊順著自己認為對的規矩走。所以，你認定的「公平」，其實是自己的框架，並經常濫用這把「尺」去索討、逼迫他人施予恩惠，但最後的結果通常不會如我們所願。

要做到真正的公平，應從接納他人的觀點或評價開始。能否合乎我們的看法與期待是另一回事，如果已經有了先入為主的觀點，就無法真正理解他人，而雞同鴨講、不同調的情況，是人際關係中最忌諱的事，因為若是一味強塞答案，或是把自己的看法加諸他人身上，就無法產生良好的交流或互動。

學習在傾聽他人的過程中，發自內心地「尊重」每個人的生命故事，再於「體諒」中融合、消弭彼此之間的差異，自然會生成和諧豁達的心念。而你，也因此創造了自己獨一無二的珍貴價值。

第五章

成就珍貴的親子關係

無微不至的呵護，就是最好的愛？

孩子，是前世與你緣分最深的親人，相約今生帶著「愛」而來，從互動中啟發彼此，在磨合中激盪出更美好的親子關係。

每個孩子都是父母的心肝寶貝，身爲父母，自然想要盡可能給予他們最好的資源，細心培育，希望他們能順利成長茁壯，在未來擁有屬於自己的一片天。然而，我們是否想過，自己現在教育孩子的方式，其實是無形中「世襲」、複製了父母過去教育我們的模式？

面對親子教養這件事，絕大多數的父親常採取「嚴肅」的方式，期望孩子在不斷的鞭策中上進成材；母親則是「步步爲營」，小心翼翼地呵護孩子，深怕孩子遭受意外或傷害。身爲父母，如果你不滿意過去和現在的自己，極有可能將這份不滿強加在孩子身上，要求他們滿足你的缺憾與期待；若在成長過程中得不到父母的關愛，則容易反向補償，給予子女過多的寵溺與呵護。然而，以上兩種方式都有可能對孩子造成負擔，並帶來不當的影響。

究竟教養孩子該怎麼做才算拿捏得當？其實，無論是父親或母親，都不必給自己太大的壓力，因爲，眞正的教育是非常輕鬆、簡單的，只須把握基本原則，讓孩子像風筝一般順著風勢而飛，逐漸向上揚升。只要手中的線不斷，孩子飛得再高再遠也不須擔心。

孩子既然是前世與你緣分最深的人，就意味著這層「關係」對你的人生來說極爲重要。當他叫你一聲「爸爸」「媽媽」時，便確定了雙方今生要透過「親子」互動的過程，共同創造彼此未來的人生，也注定了你和他之間息息相關、無法割捨的緊密連結。

談到親子教養，首先，我們必須先拋棄先入爲主的舊觀念，例如養兒防老、傳宗接代、望子成龍、望女成鳳、爲人子女就必須行孝道等，這些世俗認知的束縛和框架，反而會導致未來與子女「緣淺」的遺憾。讓孩子在不放任也不控制的環境與空間中自然順勢發展，別以爲要非常刻意去「教育」孩子才是正確的，事實上，最該被教育的不是孩子，而是我們自己。

現在就讓我們一同走進以下實例故事中，啓發充滿愛與和諧的優質親子關係。

愛，是輔佐孩子完成他自己

慧珊育有一名獨子，就讀某國際學校的美國部，因先生長期在大陸工作，便由她獨自肩負起教育孩子的責任。從小接受高壓式嚴格家庭教育的她，爲了讓孩子在有愛的環境中成長，對獨子的照顧可說無微不至，日常生活從三餐起居、清潔整理等，各類瑣碎事務都打點得十分周到，雖然疲累，她卻深深樂在其中。

不過，慧珊卻漸漸發現，孩子對她愈來愈不理不睬，學業成績及在校表現也每況愈下。某天，她意識到孩子變了，不僅在生活及學習上態度懶散、毫無責任感，面對慧珊的提醒叮嚀，甚至會不時冒出不雅字眼回嘴頂撞。以往她不以爲意的小細節與行徑，竟變得愈來愈失控、誇張。

她驚覺事態嚴重，於是前來向我請益。

慧珊擔憂地對我說：「導師，我想知道我的孩子怎麼了？我和他的距離愈來愈遠，他似乎變成另外一個人了……」

我告訴她：「我能理解你的憂慮。如果人沒事卻在大腿打上石膏，半年後才拆除，之後不要說自由走動，可能連站立都開始變得困難。人的生理會有慣性，心理亦是如此。你無微不至地呵護孩子，就像在健康的腿上打石膏一樣，看似在幫助他，但久了反而會有害處。」

慧珊問：「您的意思是不能呵護孩子？但哪個母親會不呵護自己的孩子呢？」

我反問她：「如果你希望孩子吃麵時盡量不要發出聲音，會要求他不要吃麵嗎？」

慧珊答道：「會要他吃小聲一點……我明白導師的意思了，對不起！」

我繼續說：「**非黑即白的二元判斷和一板一眼的個性，是造成親子問題的主因**。對待孩子的過程中若失去『彈性』，不是忍讓妥協，就是否定反對，這兩種極端的方式都無益於教養。另外，一味地過度保護孩子也容易出問題。如今他已經升上國小六年級，你卻還是用照顧幼兒的方式在教育他，不僅會讓他在生活上難以獨立自主，和你的關係也會變得疏離、情緒不穩。這些，都是父母『不放手』的後遺症。」

慧珊又問：「可是孩子眞的還小，照顧和呵護他不是天經地義的事嗎？」

我說：「孩子在嬰兒期時，的確應該如此；但是當小孩到了兩歲，父母就該適時放手，讓他自行學習、探索。我們能做的是**陪伴**、**傾聽**，在過程中引導他仿效父母的行爲，學會基本生活能力，以及如何與他人應對、相處。等到孩子的年紀更大，教育他時只須**提供分析和建議**，而不要指揮、控制孩子該怎麼做，讓他逐漸自立，學習對自己的人生負起責任。」

慧珊困擾地說：「導師說的這些，我眞的很難做到，總不可能讓他國小就自己選學校吧？那時他都還沒懂事呢！另外，放手讓他自己去學習、探索，如果他不小心學壞了，又該怎麼辦？」

我告訴她：「不用擔心，每個孩子都歷經多次輪迴，所以一出生就無比聰明。你一旦認定他不懂，就創造了一個『他永遠都不會懂』的處境。事實上，六歲的孩子已經有足夠的智慧選擇就讀的學校，讓他自行去探索和抉擇，他會更加明確了解自己未來的人生方向。讓他做事、念書和整理房間，也是爲了要他對自己的生命和生活負責。倘若要看你的臉色決定未來的出路、過生活，長大以後，他勢必會對人生失去方向感，變得渾渾噩噩。另外，讓孩子在探索的過程中學習、體會，反而能強化和提升他們的自制力，要學壞就更不容易了。」

慧珊點點頭說：「他的確很聰明，如果換成小時候的我，和他一比眞的遜色很多。問題是，我眞的放不了手，也不知道爲什麼……」

我說：「今生之所以會扮演父母這個角色，必然有一個『如何表現愛』的課題要學。以往我們以爲一味付出、叮嚀、要求、鞭策、保護和協助，就是愛的表現，其實反而造成更多問題。一味付出，久而久之會讓孩子缺乏感受，逐漸成爲不懂付出、不知負責的人；過度叮嚀會成爲他們的負擔，要求也容易變成壓力；至於鞭策，只會讓他們感覺被壓迫，認爲所做的一切只是被迫完成父母的期待；過度保護反而扼殺了他們心智成長的機會和空間，過多的協助則會讓他們養成凡事依賴的習慣。這些結果，都不是我們希望的，但在父母不經意的對待中，孩子被迫成了那樣的孩子。」

慧珊問道：「那要怎麼做才是正確的？」

我說：「很簡單，只須掌握一個道理：如何讓孩子在你百年之後能繼續獨立自主地生活下去？**真正的教育，是讓他得以展現自身特質與競爭力，進而發揮專長及價值，貢獻給社會**。」

慧珊說：「我理解了！一直以來，我只希望他永遠都是個孩子，只要可以讓他好的、開心的，我就照單全收，一一去做。但這種愛就像一種自私的『占有』，總是擔憂萬一他不懂我的付出，長大以後會不孝敬我；替他規畫未來，也是自以爲這樣可以讓他少走點冤枉路，結果不但沒獲得孩子的感激，反倒讓他怪罪起父母。現在我發覺，繼續這樣教下去，百年之後我還是放不下心。」

我告訴她：「**愛，就是輔佐孩子完成他自己。用這樣的方式去愛，給孩子足夠的空間成長，你會放心，他也會對父母懷抱感激，因而形成良性互動**。倘若逼迫孩子成爲自己理想中的樣子，不但無法讓他變得更好，還會使他對人生感到更加茫然和困惑。」

慧珊恍然大悟：「眞的是這樣！以前我讓他去參加一個成長營，教育他要行孝、有禮貌，要懂得長幼有序、謙卑有禮，他參加完回來後，一個月內都表現很好，但之後反而變本加厲、不願服從。」

我說：「接受填鴨式教育的孩子，總有一天會反彈，誤認爲這是父母預設好加在他身上的限制與框架，只會更想逃離。孝道不是用教的，是由內心自然產生的；禮貌也不是透過學習得到的，而是在和他人實際互動的過程中，以誠懇的言語和行爲表達對他人的尊重。」

慧珊說：「好，我會切記您所說的：愛，就是輔佐孩子完成他自己。」

我說：「**你的一分改變，會創造孩子五分的成就**。教育是外行人說的話，孩子永遠不想理會父母的說教，只會從旁觀察父母的行爲、情緒，進而模仿。所以，說他們是大人的3.0進階版也不爲過。從輪迴的角度來看，他們今生之所以成爲我們的孩子，前世必然有著近親或深緣的深厚基礎，藉由投胎讓彼此再次經由互動、相處一同成長。看似我們在養育孩子，其實，他們也在激發我們的心智，在一次次磨合中拓展我們的心靈空間，將狹隘的私愛轉化爲無私包容的眞愛，產生更圓融的智慧。」

慧珊又問：「導師，當父母的盲點很多，除了無止境地付出，還有就是容易擔心。要如何才能和孩子一起成長？」

我答道：「**做父母的，對孩子的付出和協助只要兩成，其餘八成讓孩子自行去完成；擔心也只需兩成，剩下的八成一樣讓孩子去學習承擔**。我們調整的過程就是一種學習，孩子是老天賜予的禮物，爲的是幫助父母擁有更豁達開闊的人生，而非整天庸碌操煩子女過日子。」

慧珊說：「對耶，他的一切眞的都讓我擔心不已。那麼，要如何做到只擔心兩成，其餘八成交給他們自己去承擔呢？」

我說：「你一旦放下對孩子的擔心，孩子就會意識到自己是個獨立個體，必須自行爲往後的人生負責，藉此引發他基本的危機意識，進而產生自主性和動力去經營、創造自己的人生。況且，父母愈是擔憂，孩子必然會感受到愈沉重的壓力，形成親子間的惡性循環。這份緊張的關係反而會讓他們質疑人生的『目標』或不願長大，擔心未來陷入和父母一樣的局面。」

慧珊問道：「所以，我只要做到放下擔心、降低付出的比例，讓他們學著對自己的生命負責就好？」

我答道：「對了一半。父母長時間過度呵護子女，已經造就他們依賴的慣性，除了漸漸放手，讓孩子適應並理解人生要由自己創造之外，夫妻關係還必須親近和諧，無形之中對孩子也有潛移默化的重要影響。」

慧珊說：「好，我明白該怎麼做了。不過，夫妻關係又跟孩子有什麼關連呢？」

我回答她：「夫妻關係的互動氛圍是否良好，建構了孩子內心對『人情關係』的信任程度，同時也會影響到未來他們對待伴侶的模式。**一對經常爭執、口角不斷的父母，他們的孩子必然缺乏建立正向人際關係的勇氣，甚至會帶著懷疑的眼光看待周遭的人事物。**」

慧珊疑惑地問：「懷疑身邊的人不好嗎？這個社會亂七八糟、壞人太多，不保持一點距離，難道不會讓自己陷入危險之中？」

我答道：「內心有所疑惑時，信任也會跟著遠離，就像一棟不打地基的房子，沒有人敢居住。教孩子去懷疑他人、保持戒心，往往只會讓他們的人格變得矛盾，反而猜疑起自己存在這個世界上的意義，因此失去探索、成長的機會，以及遇見貴人的契機。在物以類聚法則的引導下，一個心念穩定、充滿自信的人，會吸引和接觸到的自然是心態、特質與他相近的人，亂七八糟、心術不正的人是不可能跟他契合的。」

慧珊聽完總算安下心來，微笑著對我說：「謝謝導師的說明，收穫好多！我的心情也跟著輕鬆了起來。」

我繼續說道：「你百般呵護、終日憂心孩子的發展，以爲這是愛孩子的表現，其實只是創造了更多未來會讓你持續擔憂的『陷阱』，還容易造成親子關係的疏離。」

慧珊說：「我明白了。父母心裡不安反映出來的焦慮，會帶給孩子『有負擔』的錯覺，緊綳的關係則會引發他們想要逃離的感受。當孩子的情緒難以抒發又無處可逃，充斥著不順又煩躁的心念，這樣是不可能把書念好的，如今我的孩子就處於這個階段。」

我點點頭對她說：「沒錯，就是這樣，非常好！」

慧珊說：「我完全明瞭該如何去做了，感謝導師的指導！回去以後我會和先生商討，調整與孩子相處的模式。」

我再度提醒她：「用陪伴、傾聽的方式帶領孩子豐富他的人生，父母只要負責給予鼓勵和掌聲。記得，**一個『家』最重要的是能經常傳出悅耳的歡笑聲，透過溫馨的交流，相互感受存在彼此心中的那份愛，這才是親子關係中最難能可貴的寶物。**」

慧珊回去後，開始透過漸進式的放手，讓孩子學習爲自己的生命負責。起初，孩子因爲不適應母親不再協助他打理生活起居而頻頻抱怨、發牢騷，雖然心疼，慧珊依舊堅定貫徹這個信念。一年半後，親子之間的關係逐漸有了轉變，兒子除了變得更加獨立，也自然懂得體諒父母的辛勞，不時會貼心地主動協助打掃居家環境，性格也比以往來得穩定開朗。這些變化，讓慧珊非常感動，深刻體會到美好的家庭關係來自「親子」之間的交流互動，而非父母單向的給予及付出。在彼此信賴的基礎上，才能建構一個幸福和樂的家庭。

「緣」滿小叮嚀：陪伴孩子成長才是最重要的使命

對孩子呵護備至、不捨得責備，滿足他想要的一切，才是真正的愛？以打罵的方式或嚴厲口吻指正，就是不愛孩子的表現？其實，愛不愛孩子的定義，跟打罵與否並無絕對關連，而在於我們能否放手，給予足夠空間，讓孩子真正學習獨立。

「陪伴」孩子成長，才是為人父母者最重要的使命，倘若孩子在過程中遭遇「挫折」，此時該做的，是鼓勵孩子不輕言放棄，給予最大的支持力量，引導他們再一次去面對及處理問題，產生更多勇氣與信心，而不是一味地呵護孩子、幫孩子解決問題。

而「放手」與「放任」的差異，在於父母是否做到陪伴和鼓勵。經常被放任不管的孩子，成年後容易有情緒失控的問題，這源自從小就有的「被放棄感」，讓他們對遭遇的人事物無法產生信賴或從中獲得自信，因而用激烈的方式宣洩內心的情緒。放手則是尊重孩子的特質，並適時陪伴、傾聽、關心和鼓舞，引導他們學習客觀評斷，最後將選擇與決定權交還給孩子，讓他們完全為自己的生命負起責任。如此一來，孩子的自制力不僅可以提升，也會因此更懂得掌握未來的人生方向。

真正的愛，是輔佐孩子完成他「自己」。在伴隨孩子成長的漫長過程裡，用愛與信任滋養出美好和諧的親子關係，對父母與子女而言，都是既令人欣慰又難得的體驗。付出愛給子女的同時，我們也能從中學習，依據孩子的發展及狀況調整步伐，以豐富彼此的生命旅程。

成爲孩子心中的偶像

親子關係，是所有人情關係的根本，而父母，更是孩子人生中的第一個偶像，一言一行造就了他們的性格與未來。

輪迴，必然是以「愛」為基礎，圍繞著這個中心主軸來體驗人生。每個個體因彼此之間的緣分深淺，而有所謂不同的角色定位，有人扮演父母或長輩，有人則是長子或么女等。每個人的人生，也不會只有單一的角色與定位，而是在不同階段扮演的不同角色中，藉由經歷各種「體驗點」和「現象機緣」，開啓並發掘屬於自己的課題，重新領受和定義，同時了解並接納內心的問題與癥結點，淬鍊出更圓滿的心性。而在人生劇本的各種關係裡，親子關係是比朋友關係更深刻密切的，因爲，它觸發了存在靈識中更深層的愛。

從動物生態來看，我們都了解雛鳥的眼裡只有父母，在被親鳥餵食的互動過程中，獲得照料和被愛的感受，進而慢慢模仿出相似的行爲；從嗷嗷待哺到展翅高飛，無一不是從父母身上學習、模仿而來。這個道理亦適用在人類身上，**為人父母者如果想要創造孩子的未來，需要轉變的通常是父母，而非孩子**，因爲父母才是孩子的原稿，子女則是承襲雙親特質影印出來的副本。

就讓我們一起再次走入慧珊與孩子的人生現場，發掘重啓及改變親子關係的契機。

子女會從你的言行中學習人際互動，塑造人格特質

慧珊在貫徹「放手」及「輔佐孩子完成自己」的教育方式多年後，兒子有了顯著的轉變，能夠獨立打理自己的生活起居，課業也順勢穩定進入常軌，家中更是時常洋溢著歡樂溫馨的氣氛。但有一陣子，兒子回家後總是露出鬱鬱寡歡的神情，讓慧珊再次擔憂了起來。原來，兒子在學校和同學發生言語衝突，導致被冷落排擠，即使慧

珊不斷嘗試教導他該如何與人相處，情況卻遲遲未見好轉。

依約前來的慧珊一見到我便內疚地說：「導師，抱歉，又要麻煩您了。我兒子在學校遭受排擠，正考慮要幫他轉學，想向您請益哪一所學校較適合他。」

我直白地回應：「如果孩子未來的人際關係不好，就要怪罪你今天做的這個決定！」

慧珊不解地說：「可是，導師，排擠也算霸凌的一種，我實在無法接受這種學校。」

我說：「發生排擠是同學之間情誼的問題，和學校沒有任何關連。」

慧珊反駁道：「問題是，學校並沒有積極處理這件事啊！這一點讓我很不能接受。」

我說：「因爲你『無法接受』的情緒，造成孩子要轉學的結果，對他來說未必是件好事。」

慧珊追問：「不轉學的話，難道要眼睜睜看著兒子繼續被排擠嗎？」

我斬釘截鐵地答道：「不需要轉學。孩子就是要從跌倒挫折中再次爬起來，得到的經驗能夠幫助他一輩子。」

慧珊苦惱地說：「導師，我和他爸爸已經用盡所有方法教他怎麼做，但就是沒有辦法改變他現在被排擠的情況……」

我說：「世界上沒有一個孩子會被『改變』，況且錯不在他，他也不需要改變。」

慧珊疑惑地問：「既然錯不在他，就更應該讓他轉學，不是嗎？」

我答道：「此言差矣。這個錯其實在父母，所以不應該讓他轉學。」

慧珊訝異地問：「為什麼錯在我們？」

我說：「雖然他現在比之前更懂事和獨立，但是在人際關係上，卻缺乏效法的對象和學習的機會。孩子在家裡只能見到父母之間的互動，但這無法運用在一般人際關係上，因此錯在父母。」

慧珊頓時語塞，過了一會兒，問道：「導師，這難道不能用教的嗎？」

我答：「我以前就跟你說過，已經長大的孩子不能用『教』的。想想看，你從以前到現在都不受你母親教導，孩子又怎麼可能會被你教呢？」

慧珊問：「難不成要我帶兒子去社交，然後做給他看嗎？」

我說：「不用，就帶著他進入你和你先生的朋友圈，他自然而然就會邊看邊學了。」

慧珊又問：「大人說話時，孩子在旁邊看，對雙方都不會有影響嗎？」

我說：「你兒子已經準備讀高一，有一定的辨別能力，他會知道你們在聊的是大人的事，不會打擾你們。其他的互動方式，他會自己在旁邊觀察與學習。」

慧珊爲難地說：「問題是，他無法參與我們的對話，只能呆坐在旁邊，這樣也有用嗎？」

我說：「父親往往是孩子的偶像，況且你先生爲人處世豁達明理、交遊甚廣，早點讓孩子跟著他學習，有助於人格養成。」

慧珊又問：「可是導師，我要怎麼知道他懂不懂社交了呢？」

我安撫她說：「放心，你們有相似的DNA，父親這套社交方式就如同原廠，他經過原廠的調校後，出廠的品質必定也是一等一。」

慧珊依舊有些擔心地問道：「如果他跟著父親學習以後，問題反而變得更多，又該怎麼辦？他還這麼年輕，會不會受不了這些打擊？」

我肯定地對她說：「不可能！原廠有保固，你不用擔心。況且，他如果有什麼不懂的地方，會主動去和他父親討論。」

聽完我的話，慧珊的心情輕鬆許多，笑著對我說：「導師說得對！原廠的確有完整保固！」

我點點頭，繼續提醒她：「還有，你也該做孩子的偶像。他們這個年紀正是會想要尋求與選擇偶像的階段，也可以說是讓他們從崇拜中學習，塑造出成年以後的人格，未來才能更穩健成熟地展現自我特質。」

慧珊問：「那麼，我該如何做孩子的偶像呢？」

我答道：「從提供建議開始，凡事讓他自己做決定，由他自行選擇想要的方式，不直接給孩子明確的答案。再來是說話不能直，這次他之所以會被排擠，就是因爲說話太直所致。」

慧珊說：「第一點沒有問題，但是第二點說話直不好嗎？難道要孩子虛僞矯情地說假話？」

我搖搖頭說：「說話直，通常指的是話語中有負面的意思，也可以說是跟別人的對話內容帶有情緒，以及沒有顧慮到他人的感受。仗著直率不做作的態度，莽撞冒失、不管別人，盡情宣洩主觀看法，還覺得這是一種坦誠的態度，反倒會因爲言詞過於尖銳，讓他人無法忍受。」

慧珊問：「所以，直率是不好的嗎？」

我說：「直率很好，但直率只能發生在心底沒有負擔和負面看法的時候，否則開口丟出去的話就像臭氣沖天的穢物，那個味道不是一般人能接受的。」

慧珊說：「我明白了，因爲我常跟孩子分享『有話就要直說，不能隱瞞』的觀念，久而久之，他漸漸學起我有話直說的態度，難怪會被人排擠。相較之下，他爸爸就比我好太多了，眞的該叫他多學學他父親。」

我說：「你該做的是牽起孩子的手，和他一起學習。孩子也會以你爲榜樣，而你更要做他的偶像。」

慧珊感嘆地說：「爲人父母眞的是責任重大，但，我願意接受這個挑戰！」

我鼓勵她：「能夠擁有你們這麼用心的爸媽，就是孩子最大的福氣！」

慧珊充滿信心地說：「好，那我要用心去做，成爲孩子心目中的偶像，就這麼決定！」

自此之後，慧珊一到假日便經常帶著孩子參加家庭友人間的聚會，孩子也會隨同父親去打高爾夫球。耳濡目染之下，慧珊的孩子開始懂得自我介紹，以及與長輩、同學相處。在和他人一來一往的交談互動、應對往來中，他終於得到透過「言談」來交流的經驗，體認到人際關係和諧的重要性，也因此獲得肯定，和同學的關係逐漸好轉。升上高一後，更與原先對立、排擠他的同學和解，言歸於好。

有一天，兒子帶著自信，誠懇地告訴慧珊：「媽媽、爸爸，我在你們身上學到好多。電視上的偶像離我太遠，我現在只想跟你們擁抱，請你們幫我在衣服上簽名。」

聽完這番話，慧珊不禁掉下感動的眼淚，抱著兒子說：「傻孩子，是因爲有你，才讓我和你爸爸的生命變得更加完整與甜蜜！」孩子的父親在一旁欣慰地微笑著，更準備好車鑰匙，決定帶全家人到知名飯店用餐，慶祝這無比溫馨的幸福時刻。

「緣」滿小叮嚀：美好親子關係是通往喜樂人生的捷徑

想要「教育」子女，就是準備削弱彼此關係的開始。倘若執意帶著這份「控制」和「要求」去對待孩子，就會割捨掉他們最需要的溫情與支持，親子之間也將日漸疏遠。**「自然」，才是不教而教的最高精神。如果你能如「偶像」一般吸引孩子的目光，在生活裡用實際的言語和行為以身作則，一舉一動無一不是他們學習的模範與榜樣，無形之中就能拉近親子的距離與關係，也能給予他們人格養成所需的必要元素。**這樣不僅能讓孩子變得更穩重優秀，我們也可以從當子女偶像的過程裡，與他們一同學習、成長。

擁有充滿愛的美好關係，是生命中最無價的喜悅。不論你是為人父母或子女，都應用心創造親子之間的良好互動。這股在交流中產生的強大力量，支撐了生命價值的根本基礎，一旦失去這層緊密的關係連結，便容易讓人退縮到孤獨無助的世界，就算翻遍相關書籍尋求解答，或是積極投入心靈成長課程，期望獲得療癒，都無濟於事，最終仍深感遺憾。

親子關係，就是一切人情關係的本源，更是走向幸福之路的起點，倘若你願意敞開心房、邁開步伐嘗試修補重建，這條路，將是帶領你通往喜樂人生的最佳捷徑。

一句肯定，完整了「我們」

一個家最需要的，不是無虞的金錢與優渥的物質生活，更不是孩子出人頭地、高人一等，而是經常洋溢著熱鬧、喜悅的歡笑聲。

在孩子心中，父母永遠是最重要的存在，不論成年後對父母表現出來的言行、態度有多麼傲慢或疏離冷淡，都不能否定他們的心裡其實隱藏著最深切的「愛」，也是唯一永恆不變的本質。親子關係之所以生變，來自成長、相處互動過程中發生的摩擦，因無法交集的「主觀認知」和「誤解」，種下了「情緒種子」，久而久之反映出負面的態度，因而用桀驁不馴的言行抗議父母的管教，以逃避遠離的方式面對雙親的關心。如何重回原本充滿愛的好關係？這是歷經多次輪迴的我們，最值得去修復及領受的學分。

言語，能表達出一個人的立場和心底感受，同時也傳遞並製造出一種氛圍，在「現象機緣」裡扮演著舉足輕重的關鍵，影響著過去、現在和未來彼此之間互動關係的發展走向。倘若一個家庭經常充斥著責備謾罵聲，居住其中的人必然會覺得這個家讓他感到力不從心、沉重倦怠；相處上如果總是大吵、小吵不斷，肯定會心神難安，對人也難以產生信任。谷神心法世間章提到：**「家庭就像是一個衣櫥，互動的氣氛則猶如衣櫥裡的味道，當我們從裡面拿出衣服穿到身上時，這股氣味將離不開我們，如影隨形一整天。」**所以，想要擁有愉快的好心情，就得先從家庭氣氛著手，讓家中不時傳出溫馨悅耳的嬉笑聲，這，才是最貨眞價實的幸福。

過度苛求吝於讚美，讓親子之情瀕臨破滅

黃女士在大學擔任教授，出身一般小康家庭的她，以極高的標準苛求自己，總認爲好還要更好，唯有不斷要求自己進步再進步，才能出人頭地。不僅如此，黃女士也將這樣的模式複製到夫妻關係上，令丈夫不堪負荷，八年前提出離婚，由她獨自撫

養孩子。而就讀台大的女兒則在未告知她的情況下搬家，在外面租屋，並留下紙條表明無法與她同住，母女關係降到冰點。

向我請益時，黃女士無奈地問：「導師，我辛苦栽培女兒，現在竟然淪落到她不告而別的窘境。爲什麼我身邊的人都一個個遠離我？」

我說：「你的前夫和女兒都很愛你，但又忍不住想要逃離你。」

黃女士不解地問：「既然他們很愛我，又爲什麼會想離開我？這樣不太合乎邏輯吧？」

我說：「人世間的愛，又稱爲私愛，不論對一個人多麼盡力付出或珍惜，當中都夾雜著期待被『在乎』『需要』的渴望在裡面。如果長時間不被在乎或需要，這份私愛就會變質，因而削弱了付出的動力。簡單來說，就是『累了』『不願意了』。」

黃女士追問道：「既然有愛，怎麼會累？這樣就不是眞愛了啊！」

我反問她：「那我問你，一輛昂貴的跑車是否不需要加汽油就能行駛？否則，就不算是一輛好車了嗎？」

黃女士答道：「不對，無論什麼車種都需要加油。難道愛也要如此嗎？」

我說：「所有個體都需要被自己深愛的人關注和在乎，藉此達到一種深度的共鳴，而這種『被支撐』的感受也會回饋到彼此的生命裡，產生更深刻的安定與幸福感。」

黃女士爲難地說：「這樣好累喔！做人已經夠辛苦了，連去愛人都還要運用方法，這樣不是很可悲嗎？」

我說：「**愛，不能有方法，僅能以自然且無壓力的方式對待**。反觀你長期以來總是用『控制』『責備』『要求』的方式對待親子關係，導致孩子抑制不了積壓許久的情緒而爆發。她不論做得再好，也得不到你絲毫的肯定和溫暖，逃離，是她逼不得已之下做的決定。」

黃女士反駁道：「不！我沒有控制她，只有責備和要求而已。」

我說：「你的心情無法輕鬆，就會『不自覺』地用責備和要求，來控制他人符合自己的期待，好讓你焦慮的心情獲得平復。」

黃女士若有所思地說：「導師，聽您這麼一說，我心裡的確好像不曾眞正輕鬆過。爲什麼我會變成這樣？」

我答道：「之所以會這樣，源自你的內心有莫大的『壓力』，害怕自己如果不做些什麼，就會輸給別人或失去重視的人事物。因此，你努力奮鬥，期望從中獲得他人的肯定，藉此撫平你那躁動不安的心情。然而，壓力並不會因此解除，反倒讓你用更戰戰兢兢的心態面對未知的將來，並在過程中反覆製造出『不安的心念』。其實，你是因爲懷疑自己，所以想要透過外界的認同來證明自己；因爲懷疑別人，所以用要求他人的方式來肯定自己，最後導致心裡的恐懼未除，原本親近的人情關係卻一一遠離。」

黃女士驚訝地問：「這麼說來，是因爲我不相信自己，才會造成這麼多問題嗎？」

我答道：「對！人的天性喜好輕鬆，一旦有了壓力，就會習慣性地向外推拖，硬要說是別人造成的問題，好讓自己不必承擔那些負面壓力和情緒。只要你願意回歸自身內心，就很容易察覺究竟是誰製造出那些恐懼和憂心。」

黃女士如夢初醒地說：「聽您這麼一說，我深刻回憶起過往與前夫的相處，就是對他過於嚴苛，說出口的話不是指責就是要求，緊張的關係讓他備感壓力，才選擇了離婚，因爲這是他唯一可以解脫的方式。」

我點點頭，對她說：「緊張和壓力，是破壞所有關係的殺手。那麼，你知道自己跟女兒的問題出在哪裡嗎？」

黃女士毫不猶豫地回答：「就是拷貝了我對待前夫的模式，經常指責和要求女兒。這確實是我內心的壓力引起的，老是害怕她跟不上別人、作息不正常、一個女孩子卻不懂得打理房間和家務……種種擔憂，讓我和她的關係眞的緊繃到了極點。我從來不願意對她說句好聽話，就是怕她因此鬆懈下來、不求上進。今天她會選擇搬出去住，其實是我自己親手種下的結果。」

我繼續問她：「假設你對女兒的愛『沒了壓力』，那麼你會怎麼做？」

黃女士不假思索地直接回答：「我會告訴女兒：『你是最棒的！』」

我贊同地對她說：「非常好！這才是你的眞心話。」

黃女士顯得有些不好意思地說：「導師，我其實很訝異自己竟然會說出這句話……」

我告訴她：「人在有壓力時，自然會掩蓋內心最眞切、誠懇的話語，甚至會用說反話的方式表達與宣洩積在心裡的壓力。而話一說出口，不僅會影響自己的心情，也會把這份不愉快的焦慮與負面壓力傳遞給對方。」

黃女士又說：「問題是，那些好聽話我平常眞的說不出口，也不知道是爲什麼，還請導師爲我解答。」

我說：「你不愛善待自己的心靈，經常用壓迫自己的方式完成他人的期待，久而久之養成了慣性，也成爲你最沉重的心理負擔。人生並不是塡空題，從來沒有標準答案，當你願意釋放內心的壓力，對他人的愛與心中甜蜜的感受，才能不受阻礙地彰顯出來，自然而然就能給予孩子力量。」

黃女士搖著頭感嘆道：「原來，我耗盡精力去獲得他人的肯定，卻讓自己壓力重重，連給孩子一句鼓勵的話都說不出來，實在得不償失。」

我安慰她：「眞正懂得深愛自己的人，就有力量展現愛人的本能。」

黃女士點點頭說：「這點我懂了。不愛自己，把內心搞得烏煙瘴氣，是沒有力氣去愛別人的。」

我繼續說：「今生，靈識安排你透過和前夫、女兒的現象機緣，從家庭關係的體驗點啓發逆轉生命的契機，也讓你進一步了解前世今生遺留下來的心靈病灶。雖然此刻的你處於低潮，其實，這正是迎向幸福的開始。看見問題並放輕鬆地去徹底體驗，就能遇見更美好的親子關係。」

黃女士堅定地說：「我願意！懇請導師教我該如何做。」

「當心，你現在又開始不自覺地陷入填空題的世界了！」我告訴她。

黃女士頓時驚醒，回過神說：「導師說得是，我的壞毛病又不小心找上門了！」

我繼續對她說：「只要讓心先輕鬆下來，帶著這份愉悅的心念去和孩子互動，並時時給予『一句肯定』就好。」

黃女士訝異地問：「就這麼簡單？」

我肯定地答道：「對！這樣就可以了。」

黃女士笑笑地說：「好，我不會再多問了，就依導師說的去做，否則我又要變成只會寫填空題的笨女人了。」

我提醒她：「記得，用這個方法，一天最多只能傳兩則簡訊，三天打一通電話。不到一個月，女兒就會搬回來住了。」

黃女士滿懷感激地對我說：「好的，我明白了，感謝導師！」

回去之後，黃女士依照我教的方法調整自己，讓心輕鬆下來，才發現，原來女兒擁有許多優點，比起時下年輕人更是成熟懂事許多。每天早上，她幾乎都會坐在沙發上，手握行動電話思索許久，衡量該如何把內心的愛和鼓勵，轉化成一句句文字傳送給女兒。持續了兩星期，雖然女兒的回應依舊是訊息已讀不回、不接電話，她仍然不放棄，繼續表達對女兒的關心和愛。直到第四個星期的某天晚上，她在下班返家時，赫然看見一個熟悉的身影站在住家的大樓門口外。快步向前察看，竟發現是自己最愛的寶貝女兒！兩人面對面，忍不住相擁而泣，道盡分開這陣子對彼此的深深思念。隨後，在幫女兒拖著行李箱、一同走進電梯時，她更是懷抱滿滿的愛，打從心底誠懇地對女兒說：「親愛的孩子，媽再也不想失去你了，你是最棒的！」

「緣」滿小叮嚀：真誠鼓勵，讓孩子和你都圓滿

肯定，是認同也是支持。既然孩子如此愛我們，當然會期待從我們身上獲得對他們來說十分重要的「肯定」。在給予肯定的過程中，不僅能讓孩子受惠，更「完整了」我們曾經破碎的心，讓埋藏在心底深處、分崩離析的愛相融整合在一起。透過言詞的認同、鼓勵，重新與孩子取得共鳴與交集後，你會發現，重啟幸福的關鍵之鑰一直掌握在我們手中；**一句真誠的鼓勵、一份正向的心念，就能創造美好的家庭氛圍**，引領我們再度走入幸福，重拾最彌足珍貴的親子關係。

從前世穿越時空來到今生，唯一不會改變及消失的，是我們始終帶著「愛」的初衷，與有著深厚情感和緣分的人相互立下誓約，在今生好好再愛一回，心貼著心，給予彼此最多的溫暖扶持，不再悔恨不捨與留下遺憾。而任何現象機緣，皆是能讓所有關係和好善解的「任意門」。藉由重來一次的人生，我們得以深入其境並從中體會和感受，圓滿他人之外，更圓滿了自己，邁向更踏實的未來。

第六章
向內探尋，遇見最愛的自己

在愛中，找回心靈自由

輪迴，是靈魂長途跋涉的一趟漫漫旅程，爲的是讓你在充滿奧祕的浩瀚宇宙中，與最愛的自己相遇。

緣分，凝聚了世間所有「相遇」的機緣，譜寫了生命的劇本，開啓我們人生一幕幕的劇情，不斷上演著悲歡離合、愛恨交織的情節。在前面的章節中，我們了解到，**與他人的「人情關係」就是靈性最佳的試煉機會**，可以學習將前世因緣帶來的課題，在今生再次遇見的過程中扭轉，解開內心的糾結與傷疤，進而撞擊出全新的圓滿好關係。一切歷程，都是爲了讓我們在由「壞」逆轉到「好」的關係進化裡，重新感受到存在彼此心中那得來不易、「相知相惜」的愛的力量，而最幸福的人生莫過於此。

好的關係，是我們源源不絕的生命泉源與動力。從父母關係、親子關係，到愛情關係、夫妻關係與朋友關係，隨著不同的經歷，我們一一將生命的缺角補上、畫圓，人生也因此開始有了價值和歸屬感。這樣的幸福人生，無價，亦趨近九十九分近乎完美的境界。

而最後這一分，無人能給你，也沒有人可以代替你完成。這，也是輪迴裡的最後一塊拼圖。拾回這一塊，將它放入生命僅剩的空缺，形成百分之百「完整」且絕美的作品，更是靈魂一直以來的殷殷期盼。

現在，我們要進入未曾有過的體驗，開始走入自己的內心世界。我將帶著你跟隨接下來的文字場景，遇見那個從未了解過、「最愛的自己」。

憶起愛，修復破碎的關係

某日午後，院外下著滂沱大雨，天色像時間快轉般瞬間變得灰暗。我的助理見狀，連忙點亮陽台燈光，再手拿面紙遞給剛走進門、衣服已淋濕的一位女性訪客擦拭，貼心引導她就座，並提醒請示時該注意的事項。

我入座後，向她問候了一聲：「你好！」當她抬起頭對我微笑示意，頓時讓我不由得再次讚歎「緣分」的奧妙，冥冥中無聲無息安排，讓前世有緣的我們再次相遇。此時，一陣酸楚湧上心頭，我微微搖頭，又輕輕對她點了點頭，心想：「又見面了，前世的你，讓我多麼心痛……」這位前來請益的江小姐，就是本書第一章裡因爲無法走出喪夫之痛，在前世選擇結束自己生命的紅兒。

看到我略微沉重的表情，江小姐問道：「導師，您還好嗎？是不是身體不太舒服？」

我若無其事地回答：「嗯……沒事，我很好，謝謝！」

凝神看著眼前的江小姐，我能體會她和多數人一樣無法憶起前世，即使有過那麼深刻的交集與過往，也曾是我前世醫治過的病患，但如今的她就像其他罹患「前世失憶症」的人一樣，在不同的面容與軀體中承載著一樣的靈魂，卻唯獨遺忘了那個刻骨銘心的曾經。老天藉由隱埋前世記憶讓我們重來人世一次，並交付我們一把創造自己生命的鑰匙，藉此重新改寫輪迴之旅的劇情。

見我沉默不語，江小姐又對我說：「導師，您看起來似乎有心事。」

我避重就輕地回答：「喔，可能是雨聲讓我分神，回想起某些事。不要緊，來談談你的事吧！」

江小姐說：「我專程從加拿大飛回來找您，是想請示有關和我先生離婚的問題。」

我故作驚訝道：「離婚？你前世非常愛他，今生也必然如此，不可能會離婚的。」

江小姐認眞地說：「導師，是眞的！我已經下定決心跟他離婚，只是目前他並不願意。」

我繼續對她說：「他前世在外經商，某一次，在隨著貨品返鄉途中遭遇土石崩塌，意外被大石擊中而跌入山谷辭世。你傷心欲絕，經常癡坐在家門口等候，堅信丈夫會死而復生。前世的你，深深愛著他。」

江小姐說：「您說的前世，雖然我已經不記得了，但您的敘述讓我有一種莫名熟悉的感覺，甚至有想幫您補充的衝動，可是又接不上話。這輩子，我和先生在一起快十五年、結婚七年至今，我的確非常愛他，也不能沒有這段婚姻，但是，他一再外遇讓我痛心疾首，和他分開是我不得不做出的決定。」

我告訴她：「也許，有了遺憾才會讓人覺得更加美好。前世因爲意外，導致你懷抱遺憾深愛著他，今生卻因爲他外遇而想要離開，我堅信你的愛並沒有因此消失，而是被複雜的情緒和不信任感，埋沒了原有的那份愛與甜蜜。」

聽完我的話，江小姐忍不住流下淚水，說道：「導師，我眞的不知道現在到底該怎麼辦……」

看著哭泣的江小姐，彷彿見到了前世的紅兒。和過去一模一樣的表情和動作，頓時讓時空彷彿重疊，差點讓我混淆了前世和今生的場景。前世的她，曾是觸動我決定走入病人內心世界的關鍵角色；如今，我該再次幫助她走出低潮，邁向嶄新的人生。

我對她說：「你的娘家在台灣，就先待在這裡，暫時別回加拿大了，十個月後就會有轉機。」

江小姐疑惑地問：「我只想離婚。留在台灣等待十個月的時間過去，就能夠如願嗎？」

我直白地說：「你只是想用離婚來切割內心的傷痛，同時也想用這個方式逼迫丈夫面對現在的問題，並做出取捨，想清楚是要維持婚姻還是繼續外遇。」

我這麼一說，點出了江小姐心裡真正的想法，讓她只能沉默以對。

我繼續對她說：「想離婚，不急於一時。記得，這十個月內你一通電話都不能打給他，就當作你失蹤了。」

江小姐點點頭說：「好，我明白了，感謝導師指點。」

我嘆了口氣對她說：「你啊，就是前世太任性了，讓你的父親和一位中醫師非常難過。所以，今生要加倍愛護自己的父親，好好彌補你前世的不孝。」

江小姐說：「導師，我和父親的感情非常好，我會聽您的話，暫時留在台灣陪伴他老人家。但那位中醫師，又是我今生認識的誰呢？」

我裝作不知情地回答：「喔……這，我就不清楚了。」

江小姐又說：「我下意識地覺得，那位中醫師和父親都是我的恩人。」

我笑笑地說：「這就不用討論了，你就好好調適心情，陪伴你的父親。」

江小姐點點頭，說道：「導師，不知道爲什麼，一見到您，整顆心就平靜下來，也不再覺得煩躁。」

我說：「嗯，就讓你的心安住等待，你先生在這段期間會有結論的。」

別讓情緒和負面解讀，掩蓋心中的愛

所謂緣分，是共同前來創造彼此今生的心靈自由。讓我們在關係的對待中無拘無束地互動，卸下沉重的依賴和枷鎖，重拾輕鬆自然的眞愛好關係。

時間一眨眼過去，十個月後，江小姐的先生辭去工作、變賣房產，從加拿大回到台灣，帶著親朋好友和捧花來到江小姐的娘家，再次當著長輩的面單膝跪下，希望江小姐重新接納這段婚姻，並爲她戴上新的求婚戒指，對她許下要用一顆眞誠的心，再次給她幸福的承諾。在所有人的見證下，江小姐感動地接受了求婚並原諒丈夫，重拾信任與交付，場面既溫馨又感人。

從此，他們夫妻倆便定居台灣，先生也變得比以往更加體貼。事後，江小姐再次前來拜訪我。

一見到我，江小姐感激地說：「導師，謝謝您，您的安排讓我很感謝。」

我問她：「你知道為什麼我要你留在台灣十個月了嗎？」

江小姐答道：「應該和我的前世今生有關，對吧？」

我說：「對，你們前世有著未完成的愛，彼此也希望留待今生完成。然而，不了解前世的我們，今生容易受『負向情緒』的累積影響，錯把難得的緣分當成籌碼任意揮霍並捨棄，殊不知這一切其實得來不易，更應加倍用心去珍惜。在相隔兩地的十個月裡，你們兩人深厚的思念之情勝過多年的誤解，讓先生打從心底發現並挖掘出對你最深刻的愛，進而重新求婚；而你在這段漫長的等待裡，對先生前世未了的遺憾和愛則會再度被喚起，今生的憤怒或內心不平衡的情緒也就因此消逝，回歸『相愛』的原貌。因為，尚未投胎前，你們就約定好要再來一世，並在此生相愛一輩子。」

江小姐有些驚訝地問：「所以，情緒的累積會毀滅原本的真愛，讓原本該維持一輩子的好關係變成壞關係嗎？」

我答道：「對！多數人的狀況皆是如此，長期在情緒『壓力』的摧殘下，對另一半的情感與眞愛都被磨損掉了，從佳偶變成怨偶，這是多麼嚴重的誤解、多麼可惜的一件事。」

江小姐恍然大悟地說：「原來如此！」

我問她：「你沒有發覺，經過這次的事件，你們之間的關係變得更深厚，甚至進入心靈層面了嗎？」

江小姐點點頭說：「有，眞的是這樣！現在的我們，可以對彼此傾吐心事、互相支持，而且擁有前所未有的融合感。」

我說：「沒錯！歷經各種關卡與磨合，反而能加深雙方的關係和良性互動。」

江小姐感嘆地說：「這麼說來，太多人被蒙在鼓裡不知道眞相，分居的分居、離婚的離婚，忽略了相遇其實是非常美好的約定。導師，懇請您出書或演講，告訴更多人這個事實。我就是最好的見證，請您務必寫出我的故事，讓更多人了解和受惠。」

我點點頭允諾道：「好，如果我出書的話一定寫進去，也感謝你願意和大眾分享。」

江小姐微笑地說：「導師，我好感謝您，您就像我的第二個父親一般，照亮我的生命。」

我笑著對她說：「經過這件事，相信你已經發現到，『愛』其實一直存在，沒有絲毫改變，只是我們對『愛的定義』誤加了許多情緒和負面解讀，把心中的愛給掩蓋住了。你的幸福圓滿，更會讓我和你父親感到非常欣慰。」

聽我這麼說，江小姐忍不住哭了，感動地對我說：「導師，謝謝您！」

記得攜愛再次前來的初心

江小姐離開後的那個晚上，我在處理完院務後，一個人坐在辦公桌前許久，沉思了好一會兒。與江小姐見面，讓我再度回想起先前穿越時空的那趟旅程，既清晰又難忘。記得，當眾人集結在宮殿外疾呼，希望與我一同再度入世之後，在等待神祇回覆的那段時間，部分即將提前投胎世間的人在誠浩的邀請下，與我在天界的仙山會面。

天界有數不盡的仙山，每一座皆是無比雄偉壯觀。此次會面的地點，是在天界屬於第十二大奇山的長壽仙山。這裡長年有著無瑕的皚皚白雪，且能自然輝映純潔之光；山中有珍禽異獸，沿著山脈往下順流的潺潺泉水則十分清涼澄澈，是個極爲寧靜莊嚴的聖地。

帶著愛，彌補過往的遺憾

誠浩和我隨雲前往時，眾人已等候我們多時。就座後，誠浩走上前準備開場，兩隻雪白的麒麟成雙成對從眾人面前緩緩經過，身上發出耀眼柔和的光芒。而後，牠們走到一旁靜靜守候，象徵了祥瑞吉氣之兆。

誠浩說：「今天集結大家，是投胎前最後一次在天界聚集，讓大夥兒能拜別師父，相約人間再見。」

我微笑地對眾人說：「親愛的大家，輪迴是趟美麗的旅程，藉由『約定』再一次相遇，繼續我們尚未完成的體驗。在此，預祝大家的行程圓滿順利。」

眾人隨即露出喜悅燦爛的微笑，互相點頭示意。

接著，我轉頭對其中一位說：「欽澤，你做好投生前的準備了嗎？」

欽澤答道：「稟告師父，都已經規畫好了。在世時，我太過重視世俗生計，忽略了親人間的對待，已相約來世要齊聚一堂，帶著愛再造幸福關係。」

我又問：「胡月，你也準備好了嗎？」

胡月說：「師父，我在世時心思都著重在傳宗接代、照料公婆，流於世俗價值。我和外子相約來世還要在一起，用愛昇華彼此的心智，並以精神相依。」

我繼續問：「智勇，你呢？」

智勇答道：「師父，以往我只會放牛，跟著大家行善，這一次投胎，我已經規畫好當個謙遜的有錢人，並在體驗的過程中布施給各個行善處所，讓愛得以有更多發揮。」

我再問：「啓果，那你呢？」

啓果說：「師父，我在世時不夠珍惜夫妻關係，已和內人相約在人間再次相遇，讓她擁有我最誠摯的愛。」

我點點頭，然後問下一位：「『滷菜』，你之前在世時只會下廚，對於來世，你規畫好了嗎？」

「滷菜」帶著滿臉的笑意說：「師父，我把以往在身邊的緣分都安排到來生去了，準備好好大愛一場，也歡迎在座的各位來我的劇本裡串門子。來生的我，非得甜蜜到你們心坎裡不可！」

我微笑點頭回應，接著對松弟說：「松弟，那你的規畫是什麼？」

松弟答道：「師父，我想報父母恩，已和父母約定好來生相見，讓我孝敬他們一生，完成心願。」

「很好！那麼梅苓，你規畫得怎麼樣了？」

梅苓誠懇地說：「師父，前世我眞切愛過身邊的每一個人了，來生想認眞地認識自己，好好學習深愛自己，也會在師父成立處所後去找您。」

此時，松弟、啓果、智勇等一群人異口同聲說：「師父，我們都會去找您的。」

我點點頭說：「好，不急不急！那南芹呢？規畫好了嗎？」

南芹回答：「師父，我以前孤僻成性，還好跟隨大夥兒行善積德，方能得生天界。來生我要帶著愛和熱情去付出，圓滿他人、創造未來。」

我再問：「慕雁，你呢？」

慕雁答道：「師父，我前世唯一愧對的就是父親，已經規畫好來生要奉養他老人家，盡力化解不愉快，以及與他的仇恨，帶著愛轉化彼此的關係。」

最後，我問妙翠：「妙翠，那你也規畫好了嗎？」

妙翠說：「師父，來生我要實現自己去完成別人。與有緣人相約在來世盡力輔佐他們，就是我愛的展現。」

聽完眾人的回答，我欣慰地說：「相信各位對來生都有完美的規畫，同時也針對前世在人間尚存的遺憾妥善安排。曾經覺得抱歉的部分，就讓我們在投生後用『心』付出去體驗、經歷和感受。從中，你們會發現，『愛』是深埋其中的力量，並能創造靈識的每一寸圓滿。」

誠浩點點頭，回應道：「師父說得極是。期望眾人心中的這份愛不因投胎而拋諸腦後，而是用心體悟，並以實際行動實踐。」

我再次提醒眾人：「各位要謹記，**在輪迴的旅途中，真正能擁有的，是你曾『付出』給予過的，而非你已經獲得的。**」

眾人齊聲回答：「感謝師父的教誨，將銘記在心！」

回憶完上一次的穿越之旅，我再次深深體會到，每個靈識結束前世，再次來到人間，皆是帶著「愛」的初衷而來，無一例外，同時藉由與有緣人再次相遇，重修過往種種的傷痕與遺憾。然而，已投胎許久的我們，卻遺忘了那份「帶著愛再次前來」的初心，糊塗沉溺在自我中心裡翻騰、擺盪，任由欲望、情緒、反抗一步步侵蝕愛的初心。靜下心來內觀反思，我們一定能找回心中那份最耀眼奪目的力量，重啟有愛的人情關係。倘若，你真的去做了，那麼，在結束這一世之後，你將帶著更多豐盛的愛前往下一段旅程，更會有不虛此生的無悔及感動。

拾回輪迴之旅最後一塊拼圖，完整自己

時間來到清晨三點半，只有我一人的辦公室顯得特別寧靜。我端起桌上的杯子，輕翻開杯蓋，隨即飄散出一股清香，暖熱的溫度透過杯身傳遞到我的掌心。啜飲一口茶湯，茶葉的香氣伴隨飲入的茶湯通過舌尖，溫潤不澀的回甘口感迴盪在嘴裡許久不散，薰陶綻放出一股自然清靜的氣息。

是什麼帶出了茶香，讓茶湯彷彿有了生命一般令人感動？我發覺是「溫度」。清澈的水經過加溫到攝氏八十五度，再倒進紫砂壺中，緩緩萃取出生長在高海拔山區的茶葉蘊藏的甘美菁華。一杯好茶，道出了人生的幸福哲學，對生命來說，有什麼比「有溫度」來得重要？

用「接納」，走入內心世界

當我專注浸沐於茶香、放下杯子的同時，前方出現月輪般的光景。無形的能量震盪著空氣，這，是仙人來臨前的祥兆。我隨即起身拱手作揖迎接，不一會兒，月輪擴大到覆蓋所在之處的整個空間，從明亮的光景中央迎面而來的，是「天池老人」，也就是我在《轉運造命之道》書中提及，曾在閉關時助我化險爲夷的山中神仙。見到許久不見的天池老人，我滿懷喜悅地向祂微笑致意：「老仙人，多年不見，在此向您請安。」

天池老人歡喜地說：「老衲時常經過你所在的道院上空，總見到一位世間導師繁忙地爲世人解惑，實在不便降臨叨擾啊！」

我誠懇地說：「您能降臨，才是我的福氣。」

天池老人說：「老衲知道你爲了世人日夜辛勞奔波，特地邀一位老友來和你敘舊。」

此時，另一位仙人乘鶴緩緩到來，熟悉的身影頓時讓我想起：「這不就是我在投生前與學生參訪天界時結緣的那位仙人嗎?!」

我趕緊行禮，向仙人請安：「仙人，許久不見，在此向您問安。」

仙人面露笑容說：「免禮。今天在老道友天池老人的邀約下前來，得知世間人憂苦於人情關係，而你更是費盡心思，欲解除眾人的煩惱。」

我說：「世間秩序之所以不得平靜，在於家庭關係不和睦，造成下一代世襲了這份不幸福感，代代相傳。因此，我極力推動並致力於『幸福』關係的建立。」

仙人了然於心地說：「嗯!身爲法師的你應該很清楚，世俗人的人情關係，就是啓動輪迴的根本。」

我說：「我很清楚，所以更希望提倡這個幸福關係的理念。」

仙人又問：「爲什麼幸福的關係是輪迴的根本?」

我答道：「因爲，**任何的關係對待皆離不開自己的心智。表面看似我們和他人互動，心底深處卻是自己與自己的互動**。人們在輪迴後，藉由『他人』這面大鏡子反映出自己的內心世界，如何看待他人等於如何看待自己，再透過這層『體驗』的磨合，補足遺漏的智慧。」

天池老人在一旁點點頭說：「回答得好！」

仙人又說：「凡人能聽得懂，算是有慧根了。只是，多數人不願意相信，也難以接納這個觀點。」

天池老人道：「是啊！世間人就是喜好旅遊、美食、服飾、享樂，還有渴望孕育下一代，來獲得所謂的滿足。」

我說：「這就像已經三十歲的成年人還在扮家家酒一樣，許多輪迴已久的靈識，依舊沉迷在世俗的享受與價值觀裡反反覆覆，玩不膩也體驗不完。」

仙人說：「世間人總會有清醒的一天，差別在於時間夠不夠久遠。等待某一天機緣到了，**對外界的事物百態提不起興趣，感受到心靈空虛難以填補，人生陷入困頓、毫無動力之時，就是準備走入內心的最佳契機。**」

天池老人附和道：「就像成天喝酒買醉的人，日復一日用美酒來麻痺、逃避自己，多年以後才猛然驚覺，問題其實不是來自別人的輕蔑，而是源自心靈深處有個討厭自己、但又想要逃避的力量在隱隱作祟。當勇於接納內心的那股力量時，酒癮就會像幻境一樣不攻自破，未來，又何須藉酒消愁？」

我說：「兩位仙人說得是。接納了自己心裡的病灶，安下那些充滿情緒的心念後，人生隨即撥雲見日。」

仙人又說：「世間人常誤將引發情緒的矛頭指向外界並怪罪他人，堅信是他人讓自己不愉快。一分爲二的心智，非但導致看不見自己的問題，也失去了重整自己內心的機會。」

天池老人道：「這『一分爲二』就是重點。」

我說：**「無條件接納或尊重他人，等同接納了自己的情緒；而愛自己的情緒，自然就會接納他人。」**

仙人隨即指出：**「所謂人情關係，就是自己對自己的關係。」**

我說：「可惜的是，世間人還無法理解這個道理，我只能用人情關係是自己對自己關係的『延伸』來說明，像是水蜜桃來自蜜桃樹，無樹則無桃。雖然比喻得還不夠精準、完整，但對世間人來說比較容易理解。」

天池老人著急地說：「哎呀，這還差一大截啊！」

仙人則說：「不，是權宜之計！」

天池老人轉頭對仙人道：「差一大截該怎麼辦？」

仙人對天池老人說：「一步一步來。紫嚴也難爲，就先用這個權宜之計。既然他發願輪迴來到世間八百年，相信他會有方法。」

我繼續說：「的確，要世俗人相信人情關係就是百分之百自己對自己的關係，實在很不容易，想要再進行下一步，可能還需要時間。」

仙人說：「就從接受自己的心念、情緒、依賴、抵抗開始，還有從『不和自己對抗』著手。」

天池老人不解地問：「老衲也當過世間人，眞的有這麼難？」

仙人答道：「世間人的執著，就像雙眼被蒙住、腿上銬了腳鐐一般，在有限的軀殼中能理解信奉這一點已屬不易，能夠親身實踐的人更屬大智慧者，世間稀有。」

我說：「現在的人間，會說的人多，願意理解的人少，而會去實踐的，更是寥寥無幾。」

天池老人道：「所以，這才顯得尊貴啊！」

仙人又說：「幸福、圓滿僅留給願意實踐的人，並將獲得所有天神的祝福。」

天池老人肯定地說：「老衲一定祝福。」

我滿心誠懇地說：「希望世間的人都能獲得祝福。」

在殷切的祝福聲中，拜別了來訪的天池老人和仙人，我繼續坐在辦公桌前沉思著。從我的修行歷練與濟世度人過程中，再三印證了**人之所以有情緒，皆源自內心的衝突。倘若我們願意完全接納自己，情緒便會隨即找到歸屬與出口，不再起伏擺盪**。而當心念安定，也就毋須依賴外界，向任何人乞討肯定或透過外境的認同來產生代償的滿足感，自在的喜悅更將油然而生，不再與內心的衝突對峙相抗。

當情緒的塵埃散去，「心」恢復了原有的光澤，你會開始意識到：原來，以往的人情關係就是自我心境的延伸。造成壞關係的原因，則出自我們內心的對抗、焦慮、自我否定、被遺棄感、批判等緊繃情緒；而在產生情緒後，也因此「忽略」了壞關係背後皆隱藏著「認識自己」的「契機」，就這樣繼續帶著錯誤的解讀活下去，讓心變得更加扭曲。

如今我們明瞭，任何「傷痛」的發生，只是爲了引領我們走向內心，探索那個不曾關心了解過的自己，不曾好好愛過的自己，一直因爲過往傷痕而覺得有個地方隱隱作痛的自己。傷痛，像是一種幻化，叮嚀著現在的你：一切問題其實都來自自己的心靈。**與他人之間失衡、不和諧的關係，只是反映出內心的問題點**，甚至會繼續指引你洞悉：輪迴眞正的目的，正是要讓我們不斷向內探尋，更深一層、再深一層地認識自己，最後，**愛上並接受每一種情緒，以及它們在生命中扮演的角色**。

懷抱愛，貼近真正的自己

一位信眾在我出版第一本著作《轉運造命之道》的前半年，來到玉清道院請益。一見到他，我感到無比欣慰，因爲，他眞的如他投生前所說，把愛再次帶到了人間。

這位信眾就是「滷菜」，他前世是鎮上的廚師，總是默默穿梭在人群中。除了工作，平時就是在我籌辦的公益活動中幫忙，熱心爲地方弱勢烹調美味佳餚，再由廚二及善心人士分送至各戶人家。記得在天界時，他曾表示：對此生的期盼就是與所有來到身邊的緣分，好好大愛一場，讓愛甜進每個人的心坎裡。今生再次見到他時，他是一位五十出頭的男士，外貌英俊挺拔，富有紳士風度，在美國開設華人餐廳，且經營得有聲有色。平日他交遊廣闊，樂於與他人分享、互動，除此之外，每年更會捐出百分之三十的利潤給當地的公益團體。性格爽朗豁達，從不吝嗇表達愛的他，更是朋友眼中的模範新好男人。

他的表現和其他多數人一樣，都令我非常欣慰。輪迴，是用盡筆墨也難以闡述其中之美的驚喜旅程，投生世間的我們，更是都帶著「愛」而來，沒有一個人例外。成立玉清道院十八年至今，曾在前世、天界與我結緣及立下誓約的學生們，今生在緣分的默運造化之下，再次和我相遇。大部分人都選擇繼續當我的學生，為自己及周遭人付出，分享己身擁有的一份心力；而我，則帶著一份感動號召大家一同前行，譜寫出今生另一段美麗的故事。

愛，勝過任何言語和文字，具有神奇的力量，能夠包容、囊括一切。在完成並圓滿各種人情關係的同時，就等於接納了自己心中的情緒。接納情緒之後，下一步，我們更要用「眞愛」去貼近內心等候已久的自己，爲枯竭許久的心靈注入幸福的溫度，讓生命開始恢復以往的熱情。而在用心回首過去、感受現在、轉身邁向未來時，你會清楚發現，這一切的準備、所有的經歷，最終，都是爲了讓你遇見這個始終在心底深處、等待著你靠近的——最愛的自己。

愛，一直存在，不曾離開，只期待你轉身發現，遇見最溫暖的幸福。

——紫嚴

Eurasian Publishing Group
圓神出版事業機構
用心與你對話．視野無限寬廣
方智出版社
Fine Press

www.booklife.com.tw　reader@mail.eurasian.com.tw

自信人生 138

緣來，就是你

作　　者／紫嚴導師
發 行 人／簡志忠
出 版 者／方智出版社股份有限公司
地　　址／台北市南京東路四段50號6樓之1
電　　話／（02）2579-6600．2579-8800．2570-3939
傳　　真／（02）2579-0338．2577-3220．2570-3636
總 編 輯／陳秋月
資深主編／賴良珠
專案企畫／沈蕙婷
責任編輯／黃淑雲
校　　對／黃淑雲．賴良珠
美術編輯／王琪
攝　　影／林昭宏攝影工作室
行銷企畫／吳幸芳．陳姵蒨
印務統籌／劉鳳剛．高榮祥
監　　印／高榮祥
排　　版／莊寶鈴
經 銷 商／叩應股份有限公司
郵撥帳號／18707239
法律顧問／圓神出版事業機構法律顧問　蕭雄淋律師
印　　刷／祥峯印刷廠
2016年12月　初版
2023年2月　25刷

定價280元　ISBN 978-986-175-444-4

你本來就應該得到生命所必須給你的一切美好！
祕密，就是過去、現在和未來的一切解答。

——《The Secret 祕密》

國家圖書館出版品預行編目資料

緣來，就是你／紫嚴導師著. -- 初版. -- 臺北市：方智，2016.12
280 面；14.8×20.8公分 --（自信人生；138）

ISBN 978-986-175-444-4（平裝）
1. 人生哲學 2.通俗作品
191.9 105019436